KB273571

F1
리더십

일러두기

본문 중에 나오는 F1 관련 용어들과 경영·비즈니스 관련 용어들은 책의 뒷부분
'《F1 리더십》에 나오는 말들'에 따로 풀어 정리했습니다.

F1 리더십

속도를 사유하라

가속과 멈춤의
비즈니스 전략

변동식 지음

메디치

이 책은 여러 기업의 CEO를 거치며 F1 경기를 사랑해온 저자가, F1 세계의 사례를 기업 경영에 접목해 풀어낸 흥미로운 경영서다. 그러나 《F1 리더십》은 단순한 경영 지침서의 범주를 넘어, 인공지능 특히 ChatGPT의 등장 이후 초고속으로 변화하는 시대를 살아가는 우리 모두에게 중요한 통찰을 던진다.

예측 불가능한 변수가 끊임없이 발생하고, 속도가 곧 경쟁력이 되는 오늘의 현실 속에서, 저자는 어떻게 변화의 본질을 이해하고, 무엇에 우선순위를 두며, 언제 결단을 내려야 하는지를 명쾌하게 보여준다.

우리가 책을 읽는 이유는 '아는 만큼 보이기 때문'이다. 기회는 누구에게나 동일하게 주어지지 않는다. 볼 준비가 된 사람만이 그것을 발견하고 잡을 수 있다. 《F1 리더십》은 급변하는 환경 속에서도 중심을 잃지 않고, 변화 속에서 방향을 찾아야 하는 모든 리더와 직장인, 그리고 미래의 주역들에게 꼭 한 번 권하고 싶은 책이다.

— 노준형(현 한국정보방송통신대연합회장, 전 정보통신부 장관)

세계 최고의 오토 레이싱 대회인 '포뮬러 원(F1)'에서 우승을
차지하기 위해서는 강인한 체력과 정신력, 도전정신뿐 아니
라, 완벽한 팀워크와 자동차공학에 대한 깊은 이해, 끊임없는
기술 혁신, 그리고 행운까지 따라야 한다.

《F1 리더십》의 저자는 전자공학과 경영학, 미디어 정책
을 넘나드는 폭넓은 학문적 배경과 왕성한 지적 호기심을 지
닌 르네상스형 인물이다. 이 책에서 저자는 젊은 시절 '대한민
국이 너무 좁다'고 느낄 만큼 달렸던 레이싱 경험, '대한자동
차경주협회장'으로서 무에서 유를 만들어낸 도전의 경험, 그
리고 'F1 그랑프리' 대회에 대한 깊이 있는 이해를 바탕으로,
F1이 우리에게 가르쳐주는 리더십의 본질을 누구보다 생생하
게 전한다.

그가 말하는 스피드와 타이밍, 끊임없는 혁신과 디테일
의 힘, 데이터 분석에 근거한 전략과 결단, 실패를 두려워하지
않는 용기, 그리고 서로를 신뢰하는 팀워크는 단순한 레이싱
의 성공 요건을 넘어, 오늘날의 복잡하고 불확실한 비즈니스
세계를 이끄는 리더가 갖추어야 할 덕목이기도 하다.

날카로운 통찰과 섬세한 분석을 바탕으로 하면서도 인문
학적 깊이와 유머 감각이 담긴 문장들에 즐거웠다. 단순한 경
영서의 통찰을 넘어, 인간과 조직에 대한 깊은 성찰로 이어지
는 역작이다.

— 오지철(하트하트재단 회장, 전 문화체육관광부 차관, TV조선 대표)

요즘처럼 모든 것이 빠르게 변하는 시대에, 진짜 중요한 것은 더 빠른 속도가 아니라 정교하게 멈출 줄 아는 힘이다. 레이싱은 혼자가 아니라 팀으로만 승리할 수 있듯, 경영도 함께 달릴 때 비로소 완성된다. 이 책에는 F1과 같은 치열한 레이스를 완주해야 하는 리더들이 가슴에 새겨야 할 통찰과 지혜가 가득 담겨 있다.

— 김상훈(서울대 경영대학 교수, 한국예술경영학회장)

오랜 세월 다양한 경영 현장을 경험해온 저자가, 자동차 경주라는 극한의 현장에서 얻은 통찰을 기업 경영에 접목했다. 경제 논리만으로는 설명할 수 없는, 그러나 어떤 스포츠보다 뜨겁게 인간의 한계를 시험하고 돌파해온 모터스포츠의 세계를 통해 우리는 도전의 의미와 인간이 지닌 무한한 가능성을 새롭게 깨닫게 된다. 생생한 경험만큼이나 참신하고 현실적인 해법이 가득한 책이다.

— 김진표(방송인, 전 엑스타레이싱팀 감독 겸 드라이버)

처음엔 단지 빠르게 달릴 뿐이었다

30대 중반, 연말 인센티브를 탈탈 털어 중고 티뷰론 터뷸런스를 구매했다. 달리고 싶다는 욕망에 레이싱 동호회에 가입했고, 넉넉지 않은 용돈은 어느새 차량 튜닝비로 남김없이 탕진했다. 돈이 부족할 때는 차량 외장에 광고를 랩핑해 '공짜 드레스업'을 즐기기도 했다. 주말이면 서울을 벗어나 지리산 성삼재를 찍고, 오대산을 거쳐 다시 서울로 돌아왔다. 지리산과 오대산을 명기했지만 남과 북, 동과 서를 가로지르는 길에서 수많은 장소가 코스가 되었고, 낯선 지명들이 익숙해졌다. 평범한 직장인이었던 나는 국토가 좁게 느껴질 만큼 달리기를 갈구했다.

차량만 질주한 것이 아니었다. 여러 직함과 업무를 거치며 어느덧 한 기업의 대표이사가 되었고, 대표라는 직책의 무게에 걸맞게 비즈니스에 온 열정을 쏟을 무렵 제7대 대한자동차경주협회장으로 지명되었다. 동호회 수준에서 출발한 협회를 F1 개최국의 수준에 걸맞게 변모시키고, 국내 자동차 경주 문화를 한층 성숙하게 확산하라는 임명권자의 기대가 새 직함의 무게와 함께 다가왔다.

'자동차경주협회장'은 낯선 임무였다. 나는 단지 자동차의 속도와 어딘가를 향해 달린다는 점을 좋아했을 뿐이었다. 그렇게 F1 경주에 대한 지식과 경험이 거의 전무한 상태로 협회장 업무를 시작했다. 그래서 모든 것이 배움의 대상이었다. 비즈니스의 시각으로 바라본 F1 현장은 놀랍고 신선했고 흥미진진했다. 통찰로 가득한 그 현장에서 나는 새롭게 마주한 경험과 교훈을 틈틈이 메모로 남겨두었다. 차곡차곡 쌓인 기록들은 '모터스포츠에서 얻은 경영의 지혜'라는 뼈대를 이루었고, 마침내 이 책을 시작할 용기를 주었다.

> "자동차 경주에서의 우승 비결은 평탄한 코스에서 얼마나 더 엑셀을 밟느냐가 아니에요. 난코스에서 얼마나 브레이크를 덜 밟느냐가 결국 승패를 결정합니다."

2011년 10월 14일, 영암 KIC에서 열린 F1 코리아 그랑프리 시범 레이스에서 류시원 선수가 내게 건넨 말이다. 그 어떤 경영 서적의 말들보다 더 깊이 다가왔다. 가속보다 더 중요한 게 제동, '속도에 대한 통제'라는 깨달음은 그간 비즈니스를 바라보는 익숙한 관점에 균열을 내고, 변화의 계기가 되었다.

F1 경주는 단순한 속도 경쟁 이상이다. F1은 조직과 전략, 기술과 사람이 결합해 만들어내는 '고성능 생태계'이며,

그 안에서 구단과 팀, 선수들이 내리는 의사결정과 행동 하나 하나는 단순한 레이싱 기술을 넘어, 비즈니스 현장의 의사결 정과 조직문화에 관한 깊은 은유로 다가왔다.

본문에 들어가기에 앞서 이 책을 펴낸 동기가 되었던, 어쩌면 낙서로 그쳤을 수도 있을 F1 메모 기록 몇 개를 먼저 소개한다. 공유를 위한 워밍업이라고 생각하면 좋겠다.

첫째, 데이터는 경영의 샘물이다.

의사결정의 출발점은 언제나 데이터다. F1 팀은 텔레메트리로 초단위 데이터를 실시간 수집·분석해 즉시 현장 전략에 연결한다. 기업 경영에서도 데이터는 직관을 보완하고 불확실성을 줄이며 반복 가능한 학습을 만드는 유용한 도구다. 데이터가 없으면 판단은 감(感)에만 의존하게 되고, 그 감은 때로 치명적 실수로 이어진다.

둘째, 리스크는 회피 대상이자 기회의 실마리다.

카레이싱은 리스크의 연속이다. 팀은 다양한 리스크 시나리오를 미리 시뮬레이션해 방어망을 만들지만, 예측 불가능한 변수는 언제든 경기를 흔든다. 중요한 건 리스크를 단순히 피해야 할 적으로 보지 않고, 적절히 관리함으로써 오히려 기회로 바꿀 수 있다는 인식이다. 예측 가능한 리스크는 시나리오로 대비하고, 예측 불가능한 리스크는 민첩한 결단과 창의적 대응으로 가치를 만든다.

셋째, 운영 탁월성이 승패를 가른다.

레이스 중 피트스톱에 머무는 20여 초는 그 팀의 준비성·절차·훈련·집중력을 보여준다. 사소해 보이는 절차 하나가 결과를 뒤바꾼다. 아무리 훌륭한 전략도 정작 실행에서 흔들리면 빛을 잃는다. 기업도 표준화된 프로세스, 명확한 역할, 반복적 훈련이 없으면 현장의 안정성과 품질을 담보할 수 없다.

넷째, '섬기는 리더십'만이 전문가 집단을 이끈다.

각자의 전문영역이 복잡하게 융합된 환경에서 리더의 통제형 지시만으로는 한계가 있다. 리더는 현장 전문가들을 신뢰하고 권한을 위임하며, 필요한 지원을 아끼지 않는 '섬기는 리더'가 되어야 한다. 과감한 권한 위임과 전폭적인 지원이 결합될 때 조직은 스스로 문제를 해결하고 빠르게 학습한다.

다섯째, 단 한 번의 선택이 운명을 바꾼다.

레이스 도중의 타이어 교체 시점과 컴파운드 선택처럼 한 번의 결단이 경기의 흐름을 바꾼다. 조직에서도 중요한 결정의 순간에는 데이터, 현장 경험, 합리적 리스크 수용이 균형을 이루어야 한다. 또한 신속한 판단 뒤에는 강력한 실행 능력이 따라야 의도하는 결과를 얻을 수 있다.

여섯째, 첨단영역일수록 학습 문화가 필수다.

기술 변화가 빠른 환경에서는 즉각적 피드백과 반복 학습이 승부를 결정한다. F1 팀들은 레이스 직후 디브리핑을 통해 문제를 분석하고 다음 경기에서 개선안을 즉시 반영한다. 실패를 직면하고 해부하는 학습문화를 제도화할 때 지속적인 경쟁우위가 가능하다.

일곱째, 지속가능한 수익모델 없이는 미래가 없다.

F1 팀 운영에는 막대한 비용이 든다. 단순한 관람 수익 배분이나 우승상금, 광고, 스폰서십, 후원만으로는 비용을 충당하기 어렵다. 기술 이전, 엔지니어링 고도화, 브랜드 협업 등 다층적 수익구조를 설계해야 지속가능한 운영이 가능하다. 기업도 마찬가지다. 지속가능한 가치 창출이 곧 생명력이다.

여덟째, 조직문화는 성공의 토대다.

엄격한 규율과 자율적 전문성은 언뜻 상충하지만, 둘의 균형이 최적의 성과를 만든다. 규율은 기본을 지키게 하고 자율성은 현장의 창의적 문제해결을 가능하게 한다. 이를 설계하고 관리하는 것이 곧 리더의 역할이다.

아홉째, 사회적 유용성이 지속가능성을 보증한다.

F1이 지속가능성과 ESG 원칙을 경기의 일부로 받아들인 것

처럼, 기업 활동 역시 사회적 유용성을 담보해야 장기적 정당성을 얻는다. 기술이 인류에 기여할 때 비로소 진정한 의미에서의 지속가능한 성장이 가능하다.

동종 업계의 벤치마크도 중요하지만, 전혀 다른 영역에서 얻는 통찰 또한 혁신의 출발점이 된다. 자동차 경주에서 얻은 교훈을 경영 현장에 적용하면서, 나는 서로 다른 세계의 교차점에서 새로운 전략적 통찰을 발견하곤 했다.

자동차 경주는 속도만을 위한 무대가 아니다. 그 안에는 '설계된 불확실성'과 이를 통제하려는 인간의 지혜, 그리고 빠르게 배우고 적응하는 조직의 방식이 응축되어 있다. 나는 이 책에서 경기장의 소음과 타이어 냄새, 피트의 긴장 속에서 길어 올린 경영의 통찰들을 하나씩 펼쳐 보일 것이다. 때로는 기술적 디테일로, 때로는 사람과 문화에 대한 관찰로, 때로는 위험을 읽고 기회를 만드는 태도로 독자와 마주하려 한다.

　여기 담긴 이야기들은 학문의 추상 이론이나 정답을 제시하는 해법이 아니다. 현장의 냄새와 사람의 결단, 그리고 작지만 끊임없이 반복되는 실천에서 길어 올린 생생한 경험담이다. 나는 이 경험들을 솔직하고 생생하게, 때로는 거침없이 고백하듯 적으려 한다. 이 책을 읽는 독자들에게 잠시 F1 경기장에 선 자신을 상상해볼 것을 권한다. 트랙 위의 드라이버일 수도, 팀 전체를 조직하고 설계하는 감독일 수도, 혹은 0.1초를 다투며 순식간에 맡은 바 임무를 다하는 피트크루일 수도 있다. 모두가 한 팀이 되어 목표를 향해 질주하는 트랙 위한 순간의 통찰로, 자신의 역할과 조직과 경영을 다시 성찰하는 계기가 되길 바란다.

속도를 좇되 브레이크를 덜 밟는 기술, 그것은 단지 드라이빙의 비결이 아니다. 오늘날의 불확실한 시장에서 더 꾸준히, 더 현명하게 앞으로 나아가는 방법이다. 이 책이 그 길을 찾는 작은 이정표가 되기를 바란다.

1부

리스크 경영의 기술:
속도에서 균형까지

"승리는 실수를 가장 적게 저지른 드라이버의 것이다."

The race is won by the driver who makes the fewest mistakes.

一미하엘 슈마허(Michael Schumacher)*

---

* 1969~. 독일 출신의 전 레이싱 드라이버. 베네통팀 소속으로 1994-95년, 페라리팀 소속으로 2000-04년 등 총 일곱 차례에 걸쳐 월드챔피언십을 거머쥐었다. 명실상부한 F1 레이싱의 전설적인 존재로 'F1의 황제' '붉은 남작' 등 다양한 별칭으로 불린다.

1

제어할 수 없는 것은 속도가 아니다

"승리는 실수를 가장 적게 저지른 드라이버의 것이다."

일곱 번이나 월드 챔피언을 차지한 미하엘 슈마허의 이 말은 F1의 본질을 정확히 드러낸다. 단순히 빠른 속도만으로는 승리할 수 없다. 속도는 '통제 가능할 때' 비로소 경쟁력이 된다.

'고속 레이싱'의 상징인 F1 경주에서 먼저 눈에 뜨이는 것은 괴물 같은 엔진 출력일 테지만, 무사히 완주하고 결국 승리에 이르게 하는 진짜 비밀은 브레이크다. 카본 브레이크 디스크는 급제동 시 수백 도, 때로는 1000도에 이르는 열을 버틴다. 브레이크 패드의 소재, 덕트의 형상, 공기 흐름을 고려한 냉각 전략이 모두 결합해 열을 조절한다. 팀은 재료 특성뿐 아니라 트랙 노면·기후·타이어 조건 등에 이르기까지 수많은 데이터를 분석하고 시뮬레이션을 반복해 '제동의 최적점'을 찾아낸다.

여기에 인간의 역할이 더해진다. 드라이버는 4~6G의 중력가속도를 온몸으로 받는 극한의 조건에 밀리지 않으면서 순식간에 세밀한 차원으로 차를 제어한다. 피트크루는 불과 몇 초 안에 차를 멈추고, 바꾸고, 다시 내보낸다. 드라이버의 제어와 피트크루의 초 단위 협동작업은 레이스의 흐름을 바꾼다. 결국 속도는 단순한 힘이 아니라, 기계와 인간이 함께 만들어내는 '통제의 예술'이다.

속도의 본질은 '통제'다

1950년 실버스톤에서 첫 월드 챔피언십이 열렸을 때 F1은 단순히 누가 빠른지를 겨루는 속도 도전의 장에 가까웠다. 지금의 F1 역시 속도로 경쟁하는 것은 같지만, 이전에 비해 항공역학·재료공학·전자제어가 결합한 '고성능 생태계'로 진화했다. 2014년 도입된 1.6리터 V6 터보 하이브리드 엔진은 내연기관과 회생에너지 시스템을 통합해 순간적으로 900~1,000마력대의 출력을 기록한다. 하지만 트랙 위에서 승부를 가르는 것은

　　　　　　　1부　리스크 경영의 기술

기계적 출력에 더해 밀리초 단위의 드라이버 판단, 피트크루의 정교한 협동작업, 그리고 엔지니어들의 시뮬레이션과 데이터 해석이 맞물릴 때 누가 그것을 더 잘해내느냐에 달려 있다.

기업 경영도 다르지 않다. 혁신과 공격적 확장은 '가속 페달'과 같아서 R&D 투자와 조직 역량이 뒷받침될 때 최대 효과를 발휘한다. 하지만 무턱대고 페달만 밟는 전략은 곧 과속으로 이어질 수 있으므로, 재무 건전성·규제 준수·품질 관리 같은 '제동 시스템'이 반드시 병행되어야 한다. 신제품 출시나 해외 진출에서 과감한 투자로 시장을 선점하되, 동시에 회사가 위기나 갈등을 잘 견딜 수 있을지 미리 테스트하고, 여러 상황에 대처할 수 있는 시나리오를 잘 설계하는 등 잠재적 리스크를 사전에 점검하는 것이 필요하다.

결국 지속가능한 성장의 비결은 '가속과 통제의 균형'이다. F1에서 엔지니어링 성과와 인간의 결단이 결합할 때 비로소 속도가 의미를 갖듯, 기업도 기술적 우위와 조직적 통제 장치를 조화시키는 조직만이 시장에서 장기적 경쟁우위를 확보할 수 있다.

브레이크 과열과 알론소의 기권

2025년 3월 23일, 상하이 그랑프리는 단순한 랩타임 경쟁이 아닌, '제동 관리'의 우열이 경기 전체를 갈라놓는 장면을 적나라하게 보여줬다. 애스턴 마틴 팀의 페르난도 알론소는 레이스 초반 브레이크의 과열로 인해 결국 주행을 이어가지 못하고 기권했다. 원인은 팀메이트와 달랐던 브레이크 덕트 세팅이었다. 같은 차, 같은 서킷이라도 미세한 차이가 경기의 운명을 갈라놓았다. 알론소는 "정말 무섭고 불운한 상황이었지만 그래도 앞차와 충돌하지 않은 게 다행"이라고 밝혔다.

이에 비해 맥라렌 팀은 통제의 힘을 입증했다. 오스카 피아스트리는 브레이크와 타이어의 열·마모를 안정적으로 관리하며 레이스를 주도했고, 팀 동료 랜도 노리스는 경기 후반 브레이크 페달 이상에도 불구하고 끝까지 완주했다. 그 과정에는 드라이버의 섬세한 감각과 팀의 보수적 전략, 그리고 실시간 데이터 분석이 결합되어 있었다.

이 경기는 작은 기술적 결정이 얼마나 큰 차이를 만들 수 있는지를 보여준다. 그리고 관리와 통제가 승리를 지켜내는 방패라는 사실을 다시금 확인시켜준다. 덕트·패드·캘리퍼·쿨링 경로 등 제동 관련 요소들은 열 스파이크에 대한 허용 범위를 규정하고, 텔레메트리와 무선 소통은 위기 징후를 포착해 페이스 조정이나 냉각 유도 같은 즉각적 조치를 가능케 한다. 또한 명확한 리스크 평가와 승인 절차를 거치지 않은 팀내의 예외적 세팅은 치명적 결과로 이어질 수 있다.

제동 장치의 붕괴: 티몬의 위기

기업 경영 역시 마찬가지다. 기업에서 혁신과 확장은 '가속 페달'이다. 그러나 재무 건전성, 규제 준수, 품질 관리 같은 '제동 장치'가 없으면 속도는 곧 위험으로 바뀐다. 가속하는 만큼 브레이크가 적절히 작동하지 않으면 성장 대신 곧 위기에 빠지고 만다.

티몬은 브레이크 없는 질주의 대가를 치른 기업이다. 2010년 소셜커머스 '티켓몬스터'로 급부상하며 한국 이커머스 지형을 흔들었던 티몬은 2024년 여름, 빠른 확장 이면에 숨겨진 취약성이 단번에 폭발하면서 위기에 처했다. 정부 발표에 따르면 2024년 7월 말 기준 티몬의 판매대금 정산 지연 규모는 약 1,280억 원으로 집계되었고(티몬·위메프 합계 2,134억 원), 이로 인해 다수 판매자가 환불·지급 지연 피해를 입었다. 정산 지연은 곧바로 법적·재무적 위기로 확산되었고, 기업의 사회적 평판을 무너뜨릴 만큼 큰 논란을 일으켰다. 티몬과 위메프는 2024년 7월 말 법원에 기업회생절차를 신청했으며 서울회생법원은 같은 해 9월 10일 회생절차 개시를 결정했다.

문제의 본질은 거래가 늘어날수록 복잡해지는 정산·현금흐름 관리 체계를 마련하지 못했다는 데 있었다. 플랫폼 비즈니스의 속성상 거래량이 늘어날수록 정산 주기와 대금 흐름의 복잡성이 기하급수적으로 커진다. 이에 따라 정산 엔진·현금흐름 관리·결제 파트너와의 협업 체계가 정교하게 맞물려야 한다. 그런데 티몬의 경우 정산 지연이 바로 대량 환불·판매자 이탈·신용경색을 촉발했고, 이 연쇄 반응으로 단기간에 현금 흐름이 악화되며 경영 통제권을 약화시켰다. '성장 시스템'이 '통제 실패'로 곧장 연결되면서 위험이 현실화된 것이다.

플랫폼형 유통기업에서 정산 시스템은 단순한 회계 절차가 아니라 플랫폼의 '핵심 브레이크'다. 이를 투명하고 자동화하며, 위기 시나리오를 준비하지 않으면 성장은 오히려 파국을 앞당긴다. 티몬은 과속하다 브레이크가 작동하지 않아 길 한복판에서 차가 멈춰버린 셈이었다.

만약 적절한 제동장치가 작동했다면 어땠을까? 성장 전략은 즉시 활용 가능한 유동성 라인과 셀러 보증장치, 환불·분쟁 처리 프로세스 같은 안전망을 전제로 설계되었을 것이며, 예외적 자금 운용이나 세팅은 이사회와 감사기구의 승인과 이해관계자에 대한 명확한 소통 절차를 거쳤을 것이다. 실무적으로는 정산 시스템의 전면 재설계(실시간 잔액 추적·트랜잭션 레벨 감사 로그), 외부 유동성 백업 확보(신속한 신디케이션·공적지원 연계), 에스크로 등 판매자 보호 장치 강화, 운영 리스크에 대한 정례적 스트레스 테스트, 위기 시 즉시 가동할 셀러·소비자 보호 매뉴얼 수립 등이 마련되었을 것이다. 무엇보다 플랫폼의 '엔진'을 고도화하는 동시에, 그 엔진을 안전하게 멈추고 다시 가동할 수 있는 제동·복구 시스템을 설계·검증하는 과정이 병행되었을 것이다. 이런 것들이 전제되어야 기업의 지속가능성이 확보되기 때문이다.

티몬 사태는 가속 페달만을 주시하는 성장 전략이 얼마나 빠르게 통제 실패로 전환되는지를 적나라하게 보여준다. 기업은 기술과 비즈니스 모델로 속도를 추구하되, 정교한 운영 통제와 유동성 관리라는 브레이크를 동시에 설계할 때만 진정한 경쟁우위를 유지할 수 있다.

통제력을 기회로 바꾼 쿠팡의 고도성장

같은 출발선에 섰던 쿠팡은 달랐다. 초기부터 물류·IT·고객 서비스 같은 '인프라'에 과감히 투자했다. 대규모 투자는 비용 부담이 컸지만, 경쟁자가 쉽게 넘지 못하는 벽이 됐다. 또한 쿠팡은 재무적 브레이크를 놓치지 않았다. 소프트뱅크와 비전펀드의 투자, 2021년 뉴욕 증시 상장은 단순히 현금을 확보하기 위한 전략이 아니라, 공격적 확장을 지속할 수 있는 안전판이었다. 여기에 데이터 기반의 실시간 운영 시스템을 갖춰, 리스크 징후를 조기에 포착하고 대응했다.

쿠팡은 2010년 창업 직후 빠르게 시장에 안착하며 '모바일 커머스 시대'의 선두에 섰다. 유통업의 특성상 초기 대규모 투자와 지속적 적자가 동반될 수밖에 없고, 플랫폼 비즈니스는 재무적 유동성 관리가 흔들리면 단기적으로 '흑자 도산'의 위험에 노출된다. 쿠팡은 이 구조적 딜레마를 명확히 인지하고 공격적 확장을 멈추지 않았지만, 단순한 확장만으로 끝내지 않았다. 물류·IT·고객서비스 등 핵심 인프라에 과감히 자원을 투입해 풀필먼트와 배송 역량을 고도화했고, 이를 통해 고객 경험을 차별화하면서 경쟁자의 진입장벽을 높였다. 대규모 투자는 비용이었지만, 동시에 가격·상품 경쟁에서 우위를 가져오는 자산이 되었다.

성장속도를 뒷받침한 것은 운영 능력만이 아니었다. 쿠팡은 외부 자본과 자본시장 접근을 적시에 활용해 재무적 충격을 흡수하는 완충장치를 마련했다. 소프트뱅크 계열의 전략적 투자와 비전펀드의 자금, 그리고 미국 증시 상장 등은 공격적으로 사업 확장을 지속할 수 있는 재무 토대를 제공했다. 이와 함께 데이터와 시스템에 대한 투자를 통해 경영진이 실시간으로 운영 상태를 파악할 수 있도록 했고, 의사결정의 속도와 정확성을 높였다.

쿠팡의 사례는 성장과 통제 사이의 균형이 어떻게 실무에서 구현될 수 있는지를 보여준다. 공격적 투자가 경쟁우위를 만들어내는 한편, 그 속도를 견딜 수 있는 유동성 확보와 투명한 재무 관리, 운영 리스크에 대한 사전 시나리오 점검이 병행되었다. 자금조달의 타이밍, 투자 속도의 조절, 비상 유동성의 확보는 모두 '언제 가속하고 언제 제동할 것인가'에 대한 판단과 연결된다. 쿠팡은 이 판단을 자본시장과 내부 시스템을 통해 실증했고, 그 결과 성장 가도를 질주하면서도 균형을 잃지 않을 수 있었다.

또 하나 주목할 점은 운영과 전략, 재무의 유기적 결합이다. 물류와 고객 서비스에 대한 투자는 비용 항목이 아니라 고객 충성도와 재구매율이라는 실물 성과로 환원되며, 이는 다시 매출과 현금흐름의 안정성으로 이어진다. 동시에 실시간 데이터는 리스크 징후(예: 물류 병목, 반품률 상승, 비용 급증)를 조기에 포착해 즉각적 대응을 가능케 한다. 결국 속도는 스스로 낼 수 있지만, 그 속도를 목적지까지 안전하게 이어갈 수 있게 하는 것은 견고한 '브레이크 시스템'(유동성 백업, 거버넌스, 위기 대응 프로세스)이다.

쿠팡의 성장은 세 가지 교훈을 남긴다.

① 핵심 인프라 투자: 물류와 고객 경험에 대한 투자는 단순한 비용이 아니라 장기적 자산이다.

② 재무적 완충장치: 외부 자본과 시장 활용은 속도를 유지하게 하는 제동 시스템이다.

③ 실시간 데이터 감시: 정확한 데이터와 정보는 위기를 조기에 감지하고 대응할 수 있도록 하는 안전장치다.

요컨대 쿠팡은 단순히 달리기만 한 것이 아니라, 고속 질주 속에서도 브레이크를 설계하고 점검한 덕분에 장기 성장의 궤도를 확보할 수 있었다. 성장을 갈망하는 경영자들이 곱씹어 볼 대목이다.

가속과 제어, 두 개의 페달

F1은 우리에게 분명한 교훈을 준다. 속도는 언제든 낼 수 있다. 그러나 그 속도를 안전하게 이어가는 것은 '브레이크'다. 기업 경영도 마찬가지다. 비슷한 시기, 같은 시장에서 출발한 티몬과 쿠팡은 가속과 제어의 균형을 어떻게 다뤘는지에 따라 전혀 다른 결말을 보여줬다. 불확실성이 큰 시대일수록 리스크 관리는 방어책이 아니라 지속가능한 성장을 위한 '핵심

제동 시스템'이다.

결국 경영자의 과제는 단 하나다. 언제 가속하고 언제 제동할 것인가? 이 판단은 자본 조달, 투자 속도, 비상 유동성 확보 같은 구체적 결정으로 이어진다. 드라이버의 발끝 감각이 레이스의 승패를 좌우하듯, 경영자의 통찰과 조직의 협업이 기업의 성패를 결정한다.

진정한 리더십은 단순히 더 빨리 나아가는 힘이 아니다. 속도를 목적지까지 안전하게 이끌어가는 지혜다. 가속과 제어의 균형을 갖춘 조직만이 불확실한 시장에서 오래 살아남는다. "페달을 끝까지 밟아도 된다. 단, 멈추고 다시 달릴 수 있는 브레이크를 반드시 준비하라." F1이 오늘의 경영에 주는 가장 강력한 메시지다.

"우승하려면 먼저 완주해야 한다."

In order to finish first, you first have to finish.

―론 데니스(Ron Dennis)*

---

* 1947~. 맥라렌그룹의 전 회장 겸 CEO. 1980년 맥라렌 F1 팀의 단장을 맡으며 맥라렌과의 인연을 시작했다. 니키 라우다, 알랭 프로스트, 아이르통 세나, 미카 하키넨 등 명 드라이버들을 영입하고 '현대적인 F1 팀 운영'의 기초를 닦으면서 맥라렌 황금시대를 열었다.

2
균형을 무너뜨리는
속도의 함정

우리 삶은 늘 도전과 안전 사이에서 아슬아슬한 줄타기를 한다. 새로운 기회는 설렘을 주지만, 그만큼 실패의 위험도 동반한다. 그래서 우리는 언제나 그 사이에서 현실적인 선택을 내린다. 이 구조는 F1 경주에도 그대로 적용된다. 경주가 벌어지는 서킷을 디자인할 때 드라이버가 극한의 도전을 즐길 수 있도록 코스를 설계하면서도, 급제동 구간과 넓은 런오프 구역 같은 안전장치를 반드시 넣는다.

승부의 본질

F1은 속도를 찬미하는 무대 같지만, 진정한 승부는 '멈춤'에서 갈린다. 시속 300km 이상으로 달리는 순간에도 결국 승부를 결정짓는 건 대개 브레이크다. 정상에 오른 드라이버일수록 가속 능력 못지않게 제동 기술이 뛰어나다. 반대로 한순간의 브레이크 제어 실패로 경력 전체를 무너뜨린 사례도 수없이 많다.

스포츠가 난이도와 안전의 균형 속에서 선수와 관중에게 성취의 기쁨을 선사하듯, 개인과 조직도 도전의 강도를 조절할 장치가 필요하다. 도전의 페달을 밟으려면, 언제든 멈추고 다시 출발할 수 있는 브레이크가 준비되어 있어야 한다. 모험을 허용하되, 실패를 흡수할 쿠션이 없다면 무모한 도전에 그치고 만다. 이는 소극적 방어가 아니라 지속적 성장을 위한 전략이다. "더 빠르게, 더 높이"라는 구호는 달콤하지만, 그 속도를 통해 안전하게 목적지까지 운반해주는 것은 유동성, 거버넌스, 위기 대응 같은 보이지 않는 제동 장치다. 비용 통제와 리스크 관리 없이 무작정 가속하면, 드라이버가 코너에서 오버런하듯 기업도 신뢰 붕괴와 자금난으로 추락한다. 때로는 피트스톱에서 연료 보충을 생략하고 타이어만 갈아치우는 전술이 결정적 승부수가 되기도 한다. 하지만 레이스 후반 연료 부족으로 멈춰 선다면, 그 속도는 무의미해진다.

예측 불가능한 변수도 늘 기다린다. F1이라면 비바람이나 눈보라 같은 기상 악화, 급작스러운 충돌, 세이프티카 출동 같은 것들이 변수가 된다. 기업이라면 현금 유동성 위기, 공급망 붕괴, 규제 충격… 기업 환경에서 예상하지 못했던 변수들은 도처에 출몰한다. 이런 상황에서는 단순히 빠른 속도만으로는 버티지 못한다. 실시간 정보, 시뮬레이션, 명확한 의사결정 체계가 방패가 되어야 한다. 레이싱이나 기업이나 평소에 위기 대응 매뉴얼을 점검하고 대체 전략을 연습해야만 급변하는 환경에서 흔들리지 않는다.

F1에서 레이스의 승자는 가장 빠른 선수가 아니라 끝까지 완주한 선수다. 마찬가지로 기업의 승리도 가속 능력에 있지 않다. 언제 가속하고 언제 제동할지 판단하는 지혜, 그 판단을 받쳐주는 시스템과 실패를 흡수할 안전망이 있을 때만 지속가능한 성공을 유지할 수 있다.

10초의 패널티: 피아스트리의 실수

2025년 브리티시 그랑프리는 변수에 따른 불확실성과 경기 규정의 무게를 극적으로 보여줬다. 경기 초반부터 폭우가 내리는 등 실버스톤의 서킷은 젖었다 말랐다 하며 변덕스러운 노면 상태였다. 경기는 악천후로 내내 어수선했고, 차들끼리 충돌하거나 방호벽에 충돌하거나 심지어 물보라로 인한 시야 불량 등으로 세이프티카가 투입되며 레이스에 변수로 작용했다.

맥라렌 팀의 오스카 피아스트리는 여러 차례 세이프티카가 투입되는 상황 속에서도 내내 선두를 유지했다. 레이스가 다시 시작된 21랩에서 피아스트리는 갑작스럽게 속도를 줄였는데, 스튜어드들은 이 '불규칙한' 감속이 규정 위반이라 판단했고, 곧바로 10초 페널티를 부과했다. 최종적으로 피아스트리는 우승을 놓치고 팀 동료 랜도 노리스에게 트로피를 넘겨야 했다. 판정은 거센 논란을 불렀다. 피아스트리는 '10초 패널티'가 '공정하지 않다'며 팀과 함께 강력히 항의했고, 팬들과 언론 사이에서도 즉각적인 찬반 논쟁이 벌어졌다. 하지만 스튜어드들은 '재시작 구간에서의 불안정한 감속이 뒤차에 연쇄적 위험을 가져올 수 있다'는 이유를 들며 결정을 굽히지 않았다.

이 사건은 중요한 교훈을 남겼다. 위기 상황에서는 규정 해석과 현장의 순간 판단이 경기 전체를 바꿀 수 있다는 점, 불확실한 조건에서는 선수 개인의 직관만으로는 부족하고 팀의 사전 합의·실시간 정보·커뮤니케이션이 결합될 때 비로소 안전한 결정을 내릴 수 있다는 점, 그리고 공정하고 투명한 판정이 팬과 스폰서, 팀의 신뢰를 지탱한다는 점이다. 경기장의 작은 동작 하나가 경주를 지켜보는 전 세계 수백만 명의 시선과 천문학적인 경제적 이해관계에 직결된다는 사실을 다시 확인한 순간이었다.

브레이크 없는 폭주: 위워크의 추락

위워크는 한때 "일터를 커뮤니티로 바꾸겠다."는 비전 아래 공유오피스라는 신시장을 개척하며 스타트업의 상징이 되었다. 글로벌 네트워크 확장과 함께 수백억 달러의 평가액을 자랑했지만, 이들의 빠른 성장 속도 뒤에는 위험한 구조가 감추어져 있었다.

위워크의 비즈니스 모델은 대규모 공간을 장기 임대하고 인테리어·운영비를 선투자하는 방식이었기에, 예상만큼 수요가 확보되지 않으면 고정비 부담이 급증할 수밖에 없다. 그런데도 경영진은 손익 검증보다 '성장 속도'에 더 큰 무게를 두었다. 장기 임대와 선(先)투자에 의존한 고정비 구조 외에도 창업자 중심의 불투명한 거버넌스, 투자자 신뢰를 흔드는 회계 관행 등 문제가 될 여지가 있었다.

결국 2019년 IPO 과정에서 문제들이 폭로됐다. 잦은 적자와 이상한 계약 구조는 시장의 의심을 불렀고, IPO가 무산되며 기업가치도 급락했다. 이후 투자자들이 구제 자금을 넣었지만, 대규모 구조조정과 창업자의 퇴진은 피할 수 없었다.

위워크 사태는 경영자들에게 분명한 경고를 던진다.

- 가속 페달을 밟기 전에 제동 장치를 먼저 점검하라.
- 확장 전략은 수익성 회복 시나리오와 스트레스 테스트 위에 세워져야 한다.
- 독립적인 이사회와 감사기구, 투명한 회계, 유동성 완충 장치가 준비되지 않은 성장은 폭주일 뿐이다.

결국 혁신과 확장은 조직의 생명줄이 될 수 있으나, 그 연료를 안전하게 관리할 브레이크와 거버넌스가 함께하지 않으면 가속은 곧 파국으로 이어진다. 위워크는 단지 한 기업의 실패담이 아니라, 현대 기업들에게 '언제 가속하고 언제 제동할 것인가'를 묻는 경고음이다.

안전장치 없는 혁신: 테라·루나 사태

스테이블코인은 기존 화폐와 연동해 암호자산의 변동성을 줄이려는 시도였다. 제대로 설계·운영되면 송금·결제·디파이의 중간 통화로 유용하다. 그러나 지급준비금과 담보의 투명성·유동성이 약하면 신뢰는 쉽게 깨지게 마련이다. 2022년 테라·루나 사태는 알고리즘형 스테이블코인의 위험을 적나라하게 보여줬다. 알고리즘으로 달러 페그를 유지한다던 UST는 한때 거대한 시가총액을 자랑했지만 결국 붕괴했다.

테라폼랩스가 설계한 UST(테라USD)는 LUNA와의 자동 교환·발행 메커니즘으로 1달러 페그를 유지하려 했고, 단기간에 막대한 시가총액을 모을 만큼 성공했지만 구조적으로는 몹시 취약했다. UST 시스템은 언제든 UST와 LUNA를 1달러 기준으로 맞교환할 수 있도록 설계됐다. 이들은 UST 가격이 내려가면 UST를 소각하고 그 대가로 1달러어치의 LUNA를 지급했으며, 반대로 오르면 LUNA를 소각해 UST를 발행했다. 얼핏 자동화된 안정장치처럼 보이지만, 실상은 LUNA의 시장가치와 유동성에 전적으로 의존하는 구조였다. 대규모 환매 압력이 발생하자, 시장에 풀린 LUNA 가격이 급락했고 이는 다시 UST 신뢰 붕괴와 추가 환매로 이어졌다. 결과적으로 페그 복구 시도는 오히려 LUNA 과다 발행과 가치 폭락을 낳는 연쇄적 붕괴(데스 스파이럴)로 이어졌다.

그 결과는 막대했다. 투자자 피해, 시장 신뢰 상실, 플랫폼 파산, 규제와 소송 등 후폭풍이 뒤따랐다. 테라·루나 사건은 단순한 프로젝트 실패를 넘어, 기술 혁신이 공공의 신뢰와 직결된다는 것, 기술만으로는 안정성을 보장할 수 없다는 사실을 일깨웠다. 혁신은 어느 정도 위험을 수반할 수밖에 없지만, 그 위험을 흡수·완화할 수 있는 안전장치와 투명한 거버넌스 없이 추진된 혁신은 결국 막대한 사회적 비용을 초래한다.

완주할 수 있는 힘을 키워라

열망만으로는 도전이 완성되지 않는다. 레이스 도중에 탈락하거나 포기한다면 열망은 그저 휘발될 뿐이다. 열망은 그것을 지탱할 든든한 안전망이 있어야 비로소 의미가 있다.

먼저 새로운 기회 앞에서 무조건 질주하기 전에, 각 단계마다 검증 지점을 세우고 데이터를 근거로 판단해야 한다. F1 서킷의 런오프 구역처럼, 사업에도 이해관계자의 다양한 시각과 객관적 데이터를 바탕으로 판단할 수 있는 '브레이크 포인트'가 필요하다.

무엇보다 기업도 비상계획을 연습해야 한다. 악천후나 충돌, 세이프티카 투입에 흔들리지 않는 팀처럼, 돌발 변수에 대비한 시나리오와 대체 전략이 중요하다.

내부 소통과 거버넌스 역시 투명하고 신속해야 한다. 위험 신호가 어디서 발생하든 빠르게 공유되어야 위워크의 내부거래 의혹이나 테라폼랩스의 알고리즘 취약점 같은 위험요소를 조기에 발견할 수 있다. 의사결정의 근거와 재무 흐름은 외부 검증을 받을 수 있도록 설계되어야 하고, 이해충돌을 차단하는 구조적 장치가 병행되어야 한다. 그래야만 균열을 조기에 막고 신뢰를 지킬 수 있다.

마지막으로, 완성된 서킷도 매년 리노베이션을 거쳐 균형을 다듬듯, 사업 모델과 운영 프로세스도 고객·시장·기술 변화에 맞춰 끊임없이 점검하고 보완해야 한다.

도전과 안전의 균형, 그 속에서 '완주력'을 키울 때 비로소 우리는 단순한 모험이 아니라 지속가능한 성공이라는 결승선을 통과할 수 있다.

"좋은 전술은 최악의 전략도 살릴 수 있지만,

나쁜 전술은 최고의 전략도 무너뜨린다."

Good tactics can save even the worst strategy.
Bad tactics will destroy even the best strategy.
—조지 스미스 패튼(George S. Patton)*

---

* 1885-1945. 미국의 군인. 제2차 세계대전 당시 아프리카 전선과 유럽 전선
에서 용맹을 떨친 미국 육군 장군이다. 대장으로 전역했다. 1970년 개봉한 〈패
튼〉(한국 개봉명 〈패튼 대전차군단〉)은 패튼 장군의 면모를 잘 담아낸 영화로 유명
하다.

3
느린 차도
빠르게 만드는 전략

타이어는 F1 차량에서 경주 도중 트랙에 닿는 유일한 부품이다. 아무리 최첨단 엔진을 장착하고 뛰어난 실력의 드라이버가 있더라도 타이어에 문제가 생기면 한 바퀴도 앞으로 나가지 못한다. F1에서 타이어 선택은 단순한 부품 교체가 아니라, 팀의 철학과 경기 운영 방식을 드러내는 결정적 지표다.

기업의 자원 배분도 똑같다. 좋은 전략은 적절한 '타이어'를 고르고 교체 시점을 잡는 것에서 시작한다. 여기서 승부를 가르는 건 실행이다. 작은 검증 누락이 치명적 실패로 이어진 사례는 수도 없이 많다. 이에 비해 철저한 검증과 실시간 데이터가 결합한 운영은 성과를 보장한다. 전략이 기회를 설계한다면, 검증·시뮬레이션·실시간 데이터·표준화된 절차로 완성된 ‘운영 탁월성(Operational Excellence)’은 그 기회를 현실로 만든다.

승패를 가르는 타이어 전략

타이어 전략은 F1에서 가장 큰 무기다. 단순한 기술적 선택이 아니라 승패를 좌우하는 핵심이다. 레이스는 속도 싸움처럼 보이지만 그보다는 연료, 타이어, 피트스톱 시간 등 제한된 자원을 최적화해 최대 성과를 내는 전략적 전쟁이다.

시속 300km로 주행할 때, 직경 720mm(18인치)의 타이어는 초당 약 37회(약 2,200rpm) 회전한다. 평균 300km 레이스라면 타이어는 13만 회 이상 회전하며, 이 과정에서 엄청난 압력과 마찰을 견딘다. 예전에는 여러 회사의 타이어를 사용했지만, 지금은 대회 주최 측이 전담 제조사(2027년까지는 피렐리가 전담 공급)를 지정해 모두 같은 라인업을 사용한다.

타이어는 건조용 슬릭과 우천용 웻으로 나뉜다. 2025 시즌의 경우, 슬릭은 C1(가장 하드)부터 C6(가장 소프트)까지 있으며, 각 대회마다 이 중 3종만 선택한다. 여기에 비가 올 때 사용하는 인터미디어트와 풀 웻을 합쳐 한 경기에 최대 다섯 종류를 사용할 수 있다. 규정상 건조 조건에서는 반드시 두 가지 이상의 슬릭을 사용해야 하므로 최소 한 번은 피트스톱을 해야 한다. 보통 드라이버는 트랙 특성과 마모, 출발 위치에 따라 1~3회의 교체 전략을 택한다. 반대로 우천 레이스에서는 슬릭 교체 의무가 사라져 웻 타이어만으로 완주가 가능하다.

타이어 전략의 핵심은 성능과 내구성의 균형이다. 소프트는 빠르지만 금방 닳고, 하드는 오래가지만 느리다. 타이어 선택과 시점에 따라 랩타임은 0.5~1초 이상 차이 날 수 있다. 소프트 타이어는 접지력이 뛰어나 빠른 랩타임을 제공하지만, 마모가 빨라 교체가 잦아지고 피트스톱 손실이 커진다. 반대로 하드 타이어는 내구성이 좋아 교체 횟수를 줄일 수 있지만 단기 속도에서는 불리하다. 이 때문에 언제, 어떤 타이어를 선택하느냐에 따라 승부가 결정된다고 할 수 있다. 과열되거나 닳으면 곧바로 속도가 무너진다. 교체 작업은 2초 이내지만, 차량이 들어오고 나가는 것을 포함해 전체 손실은 20~25초에 이른다. 이 작은 차이가 우승과 패배를 갈라놓는다.

작은 판단 실수로 우승을 날리다

2020년 브리티시 그랑프리에서 메르세데스 팀의 루이스 해밀턴은 마지막 랩에서 타이어 손상을 겪었지만, 끝까지 차량을 잘 제어하며 우승을 차지했다. 2021년 헝가리 그랑프리에서는 비가 내렸다 그치기를 반복하는 상황에서 알핀 팀의 에스테반 오콘이 절묘한 타이밍에 한 번 피트스톱 하는 전략으로 우승을 거머쥐었다.

반대로 2025년 캐나다 그랑프리에서 페라리 팀은 과감한 소프트 전략을 택했지만, 열 관리와 마모 예측의 검증 부족으로 초반 교체를 서둘렀고, 이어 상대의 언더컷 전략에 대응하지 못해 우승을 놓쳤다. 동일한 성능의 차량이라도 작은 판단 미스와 검증 누락이 얼마나 큰 차이를 만드는지 보여준 사례다. 운영 탁월성은 단순한 속도가 아니라, 데이터 기반 검증과 리스크 관리에서 나온다. "좋은 전략은 느린 차도 빠르게 만들지만, 나쁜 전략은 빠른 차도 뒤처지게 한다."는 말은 결코 과장이 아니다.

실행을 무너뜨린 방심: 알래스카항공 사고

지금 같은 불확실성의 시대에는 전략보다 실행이 중요하다. 2024년 1월, 알래스카항공 소속 보잉 737-9 여객기에서 사고가 발생했다. 이륙 직후 창문 옆 패널(도어 플러그)이 분리되며 기내 압력이 급격히 떨어진 것이다. 이는 승객과 승무원의 안전을 위협했고, 항공기 운항은 바로 중단되었다. 큰 사고로 이어지지 않았지만 아찔한 순간이었다.

미국 연방 교통안전위원회의 조사 결과, 기체 정비 과정에서 네 개의 고정 볼트가 제거된 후 재장착되지 않았고, 어떤 기록도 남아있지 않았다. 기본 절차가 무너진 것이다. 여기에는 절차적·조직적 취약성이 복합적으로 작용했다. 현장에서의 빠른 일 처리 요구, 기록 관리 취약, 책임 불분명, 최종 검증 부재. 이중 결정적이었던 것은 독립적이고 체계적인 최종 검증의 부재다. 이를 통해 작은 오류가 큰 사고로 이어질 뻔했다. 우리 곁의 대형 사고들은 이처럼 작은 누락에서 시작한 것일지 모른다.

알래스카항공 사건은 전략이나 목표보다 일상적 검증과 실행 완결성이 조직의 생존을 좌우한다는 사실을 잘 보여준다. F1 피트스톱에서 작은 검증 누락이 경주 전체를 뒤흔들듯, 현장의 사소한 누락이 기업 운영과 고객 신뢰를 무너뜨린다. 따라서 조직은 '전략이 기회를 만든다'는 믿음과 함께 '검증이 신뢰를 지킨다'는 원칙을 운영 핵심으로 삼아야 한다.

지멘스의 실시간 의사결정

이에 비해 지멘스의 사례는 운영 탁월성을 통해 괄목할 만한 성과를 낸 경우다. 2024년 10월, 독일 지멘스의 에를랑겐 공장은 '그린 린 디지털(Green Lean Digital)' 전략을 도입해 운영을 디지털화하고 실시간 검증 체계를 구축했다. 이 전략을 통해 생산라인의 센서와 장비에서 수집한 온도·속도·진동·품질 등에 관한 데이터를 AI 알고리즘으로 분석하고, 디지털 트윈에서 사전 검증을 거쳐 실제 공정에 반영했다. 성과는 즉각적이었다. 공정 중의 병목과 품질 저하 요인을 사전에 제거했으며, 새로운 검사 장비나 툴도 빠르게 통합할 수 있었다. 또한 자가 복구 기능으로 라인 중단 시간을 획기적으로 줄였다. 지멘스는 디지털·자동화 혁신으로 생산성 향상, 출시 시간 단축, 에너지 절감이라는 세 마리 토끼를 잡았다.

이는 단순히 첨단 기술 도입의 차원이 아니라, 생산공정과 운영을 가시화하고 의사결정 속도를 높이는 구조적 변화였다. 생산 과정에서의 문제요소(병목과 품질 저하 등)를 사전 차단하고, 라인 중단을 줄이며, 생산성·품질·에너지 효율을 동시에 끌어올리는 선순환을 만들어낸 것이다.

지멘스 사례는 데이터를 검증 도구로 활용하고, 프로세스를 모듈화·표준화해 리스크를 줄일 수 있음을 보여준다. 센서와 자동화는 비용 절감 이상의 가치를 제공하며, 현장의 회복력과 신뢰성을 만든다. 그러나 기술만으로는 충분치 않다. 검증을 중시하는 문화, 권한 위임, 성과 지표의 재설계 같은 조직적 변화가 함께해야 지속가능한 성공으로 이어진다. 어

　　　　1부　리스크 경영의 기술

떤 조직이든 데이터·기술·프로세스·문화를 통합해 현장을 설계할 때만 F1식의 초정밀 경쟁우위를 실현할 수 있다.

운영이 전략을 완성한다

F1의 타이어 전략은 자원 배분, 리스크 관리, 실행 역량이 삼위일체로 작동할 때 성과가 보장됨을 보여준다. 좋은 전략은 기회를 설계하지만, 그 기회를 현실로 만드는 것은 정밀한 실행과 철저한 검증이다. 페라리의 사례처럼 작은 시뮬레이션 검증의 누락이 언더컷 방어 실패로 이어지고, 알래스카항공의 사례처럼 사소한 기록 누락이 대형 사고를 불러올 수 있다. 반대로 지멘스의 사례처럼 데이터와 프로세스, 문화가 통합되면 불확실성 속에서도 안정적 성과를 창출할 수 있다.

검증은 신뢰의 기반이다. 기술이 아무리 발전해도, 표준화된 절차와 검증 문화가 없다면 지속가능성은 없다. 속도보다 중요한 것은 완주력이다. 단기 성과에 치중한 질주는 리스크를 키우지만, 견고한 운영은 장기적 성과를 지킨다. 따라서 기업이 추구해야 할 것은 '빠른 전략'이 아니라, 전략을 흔들림 없이 실현하는 운영의 힘이다.

"항상 최고가 되기 위해 노력해야 하지만,

자신이 최고라고 믿어서는 안 된다."

You must always strive to be the best,

but you must never believe that you are.

—후안 마누엘 판지오(Juan Manuel Fangio)*

---

* 1911-1995. 아르헨티나 출신의 전설적인 레이싱 드라이버. 그랑프리 승률 46%라는 엄청난 기록을 남겼다. 미하엘 슈마허 이전 F1 역사상 최다 챔피언(5회), 최다 연속 챔피언(4연속)의 기록을 갖고 있었다.

4

만족은 곧 추락의 서막

슈마허, 알론소, 베텔. F1에 영원히 남을 전설들의 이름이다. 이 영광의 존재들 이면에는 한 가지 진실이 있다. 어떤 승리도 영원하지 않다. 정상에 머물려면 끝없는 훈련과 보완이 필요하다. F1은 꿈의 무대지만 동시에 극한의 압박이 일상인 전장(戰場)이다. 그래서 성취는 축하할 순간이면서도 경계해야 할 신호다.

"만족하면 실패한다." 성과가 가져온 안도는 조직의 눈을 흐리게 한다. 트랙에서 타이어 온도나 바람 방향을 놓치면 기록이 깨지듯, 기업에서 매출 급상승은 오히려 의사결정을 둔화시킨다. 성취를 종착점이 아닌 재검토의 출발점으로 보는 태도가 필요하다.

그 태도는 구체적 습관으로 드러난다. 핵심 가정을 계속 검증하는 습관, 현장 권한을 분산시켜 빠른 결정을 가능케 하는 구조, 작은 신호를 읽어 즉시 행동으로 옮기는 루프. 이 셋이 맞물릴 때 성취에 대한 안도는 민첩성으로 바뀐다. 리더는 성과를 축하하면서도 자기검열의 본보기를 보여야 한다. 승리는 끝이 아니라 다음 불씨다.

상파울루의 교훈

2024년 상파울루 그랑프리는 예측 불가능성이 만든 드라마였다. 이례적인 기후, 잇따른 사고와 레드 플래그로 경기 흐름이 순식간에 뒤바뀌었고, 승부를 가른 것은 '반응 속도'와 '선택의 적시성'이었다. 17번 그리드에서 출발한 오라클 레드불의 막스 베르스타펜은 불리한 조건을 오히려 기회로 삼았다. 불안정한 노면과 변덕스러운 기상, 중간중간 발생한 중단 상황을 읽어내며 순위를 끌어올린 것이다. 그의 무기는 단순한 드라이빙 실력이 아니라, 변수 해석과 그에 맞춰 과감히 결정을 내린 팀과 드라이버의 민첩성이었다.

반면 사전 설정한 차량 세트업과 전략에 얽매여 변화하는 현실을 제때 반영하지 못한 팀들은 순식간에 추락했다. 상파울루의 노면 상태는 몇 바퀴마다 달라졌다. 이런 환경에서

'완벽한 계획'이 오히려 발목을 잡았다. '완벽한 준비'라는 고정관념이 불확실성 속에서 판단을 경직시키고 적응을 방해했다. 이 경기에서 정말 필요한 건 '준비된 유연성'이었다.

교훈은 세 가지다. 첫째, 변수는 언제나 성과 뒤에 숨어있다. 성취가 주는 안도감에 취할 경우 작은 경고 신호를 놓치고 만다. 둘째, 조직의 민첩성은 제도의 유연성과 권한 분산에서 나온다. 오라클 레드불 팀은 드라이버·엔지니어·전략팀이 정보를 실시간으로 공유하고, 권한이 현장에 위임되어 즉각 결정을 내릴 수 있는 시스템을 갖추었다. 셋째, 반복 훈련과 시나리오 기반 준비는 불확실성 앞의 두려움을 줄인다. 다양한 변수를 연습한 팀일수록 실제 상황에서 빠르게 적응했다.

기업도 다르지 않다. 시장 상황과 소비자 수요, 공급망은 고정되어 있지 않고 계속 바뀌게 마련이다. 순간순간 변화하는 서킷의 노면 상태와 같다. 성취에 도취하면 다음 위기에 대비할 힘을 잃는다. 따라서 리더는 성취를 축하하면서도 곧바로 핵심 가정을 검증하고, 현장에 권한을 부여하며, 작은 이상 신호에도 반응할 수 있는 구조를 설계해야 한다. 통제 가능한 범위에서 실패 비용을 용인하는 문화 또한 필수다.

승리는 종착점이 아니다. 오늘의 역전 드라마 뒤에는 언제나 새로운 위험이 도사리고 있으며, 그 위험을 기회로 바꿀 수 있는가가 경쟁력을 좌우한다. 우리는 작은 깜빡임을 놓치지 않는 습관을 길러야 한다. 그것이 다음 도약의 출발선이다.

성공에 도취한 펠로턴

홈트레이닝 플랫폼 기업인 펠로턴(Peloton)에게 팬더믹은 기회이자 함정이었다. 실내 사이클과 스트리밍 수업을 결합한 주력 상품이 봉쇄로 인한 '집콕 수요'와 정확히 맞아떨어졌고, 매출과 주가가 폭발적으로 상승했다. 펠로턴은 팬더믹에 따른 수요 폭발이 정상적인 시장 반응이라 생각했지만, 성장은 일시적이었다. 생산과 재고에 대한 과잉 투자는 곧 비용 폭탄이라는 리스크로 돌아왔다.

문제는 단순한 예측 실패를 넘어 구조적이었다. 첫째, 수요 지속성, 전환율, 채널별 단위경제 등에 대한 핵심 가정의 민감도 분석이 부족했다. 팬데믹 특수를 새로운 시장이 열린 것으로 오해하면서 과잉 투자로 기울었다. 둘째, 공급망 탄력성이 부족했다. 생산 조정이 늦어지며 재고가 쌓였고 물류비용이 늘어났다. 셋째, '가입-유지-전환'이라는 구독 기반 비즈니스의 핵심 지표와 물리적 제품 관리의 균형을 놓쳤다. 플랫폼 성장과 하드웨어 확장의 균형이 무너진 것이다. 곧바로 재무적 충격이 덮쳤다. 2024년의 대규모 순손실은 경영진 교체와 인력 감축으로 이어졌다. 소비자 신뢰가 흔들리고 기업가치 역시 급락했다.

펠로턴이 혁신의 아이콘에서 취약 기업으로 변하는 것은

순식간의 일이었다. 여기서 주목할 점은 실패 자체보다 실패가 드러내는 교훈이다. 같은 실수를 반복하지 않도록 학습을 제도화하는 일이 중요하다. 먼저 일시적 성공을 영구적 변화로 오인해 안주하지 않고, 핵심 가정을 지속적으로 검증해야 한다. 공급망과 생산은 유연하게 설계하고, 비용과 리스크를 관리 가능한 수준으로 제한해야 한다. 또 플랫폼 기업이라면 제품 확장보다 고객 전환과 LTV(고객생애가치) 개선에 더 집중할 필요가 있다. 마지막으로 위기 상황에서는 투명한 커뮤니케이션과 신속한 거버넌스 개입으로 신뢰를 회복하려 노력해야 한다.

반짝 성공 이후를 준비하지 못한 미미박스

2012년 'K-뷰티 서프라이즈 박스'라는 구독 모델로 출발한 미미박스는 초기에 폭발적인 관심을 받았다. 매달 대여섯 가지의 샘플을 소비자에게 배송하고, 마음에 드는 제품을 할인된 가격으로 정품 구매로 유도하는 구조였다. 특히 2014년 미국 시장 진출과 2015년 Y콤비네이터 합류는 'K-뷰티'를 세계 무대에 알린 상징적 사건이었다. 그러나 화려한 성장 뒤에 지속 가능성의 한계가 숨어있었다.

샘플 체험은 효과적이었으나 실제 구매로 이어지는 구매 전환율이 낮았다. 가격 민감도, 브랜드 신뢰 부족, 개인화된 추천의 부재가 발목을 잡았다. 랜덤 박스 형식은 초반 호기심을 끌었지만, 비슷한 구성이 반복되면서 충성도를 형성하지 못했다. '단위경제'와 현지화 실패도 문제였다. 물류와 재고 부담이 큰 모델을 현지 검증 없이 확장하면서 비용 구조의 취약성이 노출됐다. 2017년 미국 직접 판매 중단은 그 결과였고, 결국 구독 축소로 이어졌다. 이후 세계 최대의 화장품 편집숍인 세포라(Sephora)와 협업해 자체 브랜드 'Kaja'를 개발하며 재편을 시도했지만, 근본 문제를 완전히 해소하진 못했다. 재고와 물류 비용 부담, 추천 서비스 부족, 구독모델이 지닌 수익성 한계 등은 여전히 걸림돌이었다.

미미박스는 세 가지 교훈을 남긴다. 첫째, 초기 성공을 장기 성장으로 연결하려면 전환율과 단위경제 검증이 선행되어야 한다. 샘플만으로는 고객의 충성도를 보장할 수 없으므로, 구매 전환을 높이기 위한 가격·브랜딩·리워드 설계가 필수적이다. 둘째, 개인화 큐레이션은 구독형 커머스의 심장이다. 소비자의 피부 조건·선호·구매 이력에 근거한 큐레이션이 없이는 반복 구매를 기대하기 어렵다. 셋째, 해외 진출은 파일럿 테스트와 현지화 전략이 병행되어야 한다. 유통채널별 단가, 물류비용, 마케팅 반응을 철저하게 따져본 뒤 점진적으로 확장하는 것이 안전하다.

미세 신호의 힘

한순간의 안도는 돌이킬 수 없는 위기로 이어질 수 있다. F1에서 0.1초의 미세한 차이로 승부가 갈리듯, 기업도 작은 변곡점을 놓칠 경우 곧바로 경쟁우위가 무너진다. 그래서 당장의 성공에 들뜨지 않으면서 관찰의 예리함을 유지하고, 빠른 학습과 유연한 대응이 가능하도록 내부 의사결정 체계와 조직문화를 설계해야 한다.

예방적·능동적 태도는 단순한 안전장치가 아니라 경쟁력을 지키는 핵심 장치다. 구체적으로는 작은 징후를 포착하는 감시 체계, 다양한 시나리오 기반의 검증 체계 구축, 현장 권한을 통한 즉시 실행 구조, 유연하면서도 리스크를 통제하는 운영 설계가 결합되어야 한다. 이 장치들이 맞물릴 때 효과가 난다.

위기에 즉각 대응하는 능력은 단순한 방어가 아니다. 그것은 지속가능한 성장의 원천이다. 관찰력, 검증력, 실행력, 유연한 운영, 학습 문화가 함께 작동할 때, 일시적 성과는 영속적 경쟁력으로 전환된다. 안주와 갈망 사이의 아슬아슬한 경계를 관리하며 매일 부족함을 채워나가는 조직만이 다음 도약의 문을 열 수 있다.

“맑은 날씨에는 15대를 추월할 수 없지만,

비가 올 때는 할 수 있다.”

You cannot overtake 15 cars in sunny weather,

but you can when it's raining.

—아이르통 세나(Ayrton Senna)*

---

* 1960-1994. 브라질 출신의 레이싱 드라이버. 1988년, 1990년과 1991년 3회
F1 월드 챔피언에 올랐다. 1994년 산마리노 그랑프리에서 사고로 사망하면서
'비운의 레이서'로 불리게 되었다. 일부에서는 아일톤 세나로 표기하기도 한다.

5
레이스의 진짜 주인공은 '변수'다

출발 신호가 울리는 순간부터 진짜 경주가 시작된다. F1 트랙 위에서는 흔들리는 타이어 그립만큼이나 예측할 수 없는 변수들이 끊임없이 튀어나오고, 찰나의 전략적 선택 하나가 순위를 뒤바꾼다. 갑자기 쏟아지는 비, 피트에서의 작은 실수, 예고 없는 기계 고장까지. 변수와 불확실성이야말로 드라마의 주인공이다. 그에 대응하는 단 한 번의 선택이 순위를 송두리째 흔든다. 이 치열한 무대에서 팀과 드라이버는 데이터와 직관, 경험에 따라 주저함 없이 결단을 내리고, 그 실행력은 관객의 심장을 두드린다. F1이 전 세계 팬을 매료시키는 진정한 이유는 예측할 수 없는 불확실성 속에서 전략과 실행의 서사가 극적으로 펼쳐지기 때문이다.

변수 넘치는 트랙, 전략의 승부처

F1 그랑프리에는 흥행을 좌우하는 예측 불가능한 요인이 수없이 많다. 그중 가장 대표적인 변수는 돌발적인 기상 변화다. 푸른 하늘 아래 출발한 레이스가 불시에 폭우 상황을 만난다면, 팀은 단숨에 슬릭 타이어와 웻 타이어 사이에서 결정을 내려야 한다. 잘못된 선택은 경쟁에서 미끄러지게 만들고, 심지어 게임 자체를 포기하게 만들기도 한다. 선수 간의 작은 접촉이나 기계적 결함에서 비롯된 사고는 세이프티카 투입으로 이어지며, 역시 레이스의 판도를 송두리째 흔들어놓는다. 그때까지 벌어진 격차는 압축되고, 한때 여유롭던 리더조차 추월의 위기에 노출된다.

또한 엔진·기어박스·브레이크 같은 핵심 부품의 갑작스러운 고장은 팀 엔지니어의 순발력과 대체 전략을 시험한다. 불완전한 머신으로 남은 랩을 버텨내며 최대 성과를 뽑아내는 능력이 곧 순위를 좌우한다. 피트스톱에서의 작은 실수나 타이어 교체 타이밍의 미묘한 지연도 경기 결과를 결정짓는다. 단 한 랩의 차이로 추월을 허용하거나 수십 초의 손실을 떠안을 수 있기 때문이다. 트랙 위의 잔해 처리나 레드 플래그로 인한 경기 중단 역시 드라이버의 집중력을 흔들고, 재출발 시 포지션과 전략을 재조정하게 만들어 예상치 못한 이변을

　　　　　　　　1부　리스크 경영의 기술

불러온다. 이런 변수들이 겹쳐질수록 그랑프리는 예측 불가능한 긴장과 스릴로 가득 차고, 팬들을 흥분시킨다.

불확실성 관리의 조직적 교훈

불확실성을 단순한 리스크로만 바라보지 않고 성장의 기회로 전환하려면, 조직은 '감지 → 해석 → 결정 → 실행 → 학습'의 고속 루프를 완성해야 한다. 작은 징후를 신속히 포착하는 감시 체계가 필요하며, 감지된 신호는 시뮬레이션과 데이터 분석을 통해 여러 대안의 결과를 비교·정량화하는 과정을 거쳐야 한다. 그 결과를 토대로 결정을 내릴 때는 중앙의 과도한 승인 절차를 배제하고, 현장에 실행 권한을 부여해야 한다. 실행 뒤에는 결과를 검토하여 교훈을 조직적 지식으로 전환하는 학습 과정이 반드시 뒤따라야 한다.

그러나 제도적 장치만으로는 충분하지 않다. 실패를 숨기지 않고 공개적으로 검증하며, 실험과 학습을 장려하는 문화가 뒷받침되지 않으면 전략적 장치도 공허해진다. 리더는 데이터 기반 결정을 지지하고 현장의 판단을 신뢰하며, 위기 시 투명한 커뮤니케이션으로 신뢰를 유지해야 한다. 결국 F1의 피트월처럼 준비된 조직만이 불확실성의 트랙 위에서 페달을 더 깊이 밟아 도약을 이룰 수 있다. 예측 불가능성은 위기가 아니라 도약을 위한 연료다.

공격은 과감하게, 랜도 노리스의 역습

영국의 실버스톤 서킷은 1950년 5월 13일 '세계 첫 공식 F1 월드 챔피언십 그랑프리'가 열린 곳이자, 매년 드라마틱한 승부가 펼쳐지는 F1의 성지다. 평균 속도가 높고 다이내믹한 코너 레이아웃으로 인해 드라이버의 기술을 극한까지 시험하는 곳으로도 유명하다.

2025년 7월 6일, 실버스톤에 비가 내리자 긴장이 고조됐다. 레이스 전반부 내내 슬릭 타이어를 고수하던 팀들이 상황의 변화를 감지한 것은 30랩 무렵이었다. 가랑비가 굵어지며 트랙에 물이 고이자 피트월은 세이프티카 투입 가능성을 경고했고, 곧 안전차가 등장했다. 대부분의 차가 인터미디어트 타이어로 교체하기 위해 피트로 몰려들었고, 그 사이 랩타임은 15초 이상 늦어졌다. 순위는 선두권과 중위권이 뒤섞이는 혼돈에 빠졌다.

하지만 레이스 재개 직후 노면은 예상보다 빨리 말라갔다. 인터미디어트 대신 습기 먹은 노면의 미끄러짐을 우려해 중간 타이어를 선택한 팀들에게 기회가 왔다. 맥라렌 소속의 랜도 노리스는 방금 교체한 중·건조 겸용 타이어를 믿고 단 한 번의 피트스톱으로 과감히 역습을 감행했다. 그는 건조 노면에 최적화된 라인을 고수하며 앞차들을 추월해 35랩 무렵 선두권에 진입했다. 노리스는 한 박자 빠른 반응으로 선두 자리를 확정짓고, 뒤따르던 라이벌들이 급격한 타이어 오버히트와 브레이크 온도 관리 실패로 고전하는 틈을 놓치지 않았다. 결국 마지막 랩까지 그의 집중력은 흐트러지지 않았고, 비가 부슬부슬 내리던 한순간의 과감한 타이어 선택이 신의 한 수가 되어 역전 우승을 확정지었다.

경기의 분수령은 단순한 운전 실력이나 우연이 아니라, 데이터 기반의 빠른 해석과 민첩한 실행에 있었다. 피트월은 기온·노면 습도·강수 예측 같은 실시간 기상 데이터를 시뮬레이션과 결합해 가능한 시나리오를 즉시 계산했고, 그 결과 최적의 타이어 교체 시점을 오차 없이 포착할 수 있었다. 단순히 '누가 먼저 피트인 했는가'가 아니라, 언제 어떤 타이어를 선택해 얼마만큼의 리스크를 감수할지에 대한 정밀한 판단이 승부를 가른 것이다. 실시간 데이터와 시뮬레이션에 기반한 신속한 판단과 실행이 바로 '신의 한 수'였다.

러·우 전쟁의 위기를 기회로 바꾼 뷔르트그룹

오늘날의 비즈니스 환경 역시 F1처럼 불확실성으로 가득하다. F1의 레드 플래그가 경주 중단을 의미하는 한편 동시에 재출발의 기회이듯, 기업도 위기 상황을 '멈춤'이 아니라 '재출발'로 바꿀 수 있다. 독일의 뷔르트그룹(Würth Group)은 그 대표적인 사례다.

1945년 설립된 뷔르트는 나사, 볼트, 전동공구, 화학제품, 개인 보호 장비 등을 아우르는 조립·접합 자재 유통 분야의 세계적 기업이다. 80여 개국에 진출, 400여 개 자회사, 약 8만 5천 명의 직원, 연간 204억 유로가 넘는 매출 규모를 자랑한다. 가족 경영을 바탕으로 고객과의 장기적 신뢰를 핵심 철학으로 삼고 있으며, 제조·건설·서비스 업계에 원스톱 솔루션을 제공하는 우량 기업이다.

2022년 러시아·우크라이나 전쟁 발발 후 유가와 원자재 가격이 급등하고 글로벌 공급망에 혼란이 닥쳤을 때, 많은 기업은 비용 절감과 구조조정에 나섰다. 그러나 뷔르트는 반대로 과감한 투자를 이어갔다. 먼저 핵심 인력과 연구개발 예산을 그대로 유지하면서 기술 혁신의 동력을 잃지 않았다. 또 400만이 넘는 고객에게 안정적으로 제품을 공급하기 위해 안전 재고량을 대폭 확대하고, 물류 노선을 다변화해 납기 준수율을 높였다. 디지털 플랫폼에는 친환경 포장 옵션과 탄소 배출량 표시 기능을 추가해 고객 경험을 차별화했다.

위기에 맞선 뷔르트의 대응은 조직 전체가 함께 움직인 결과였다. 중앙 조직의 역량을 총동원해 디지털 채널 전환과 공급망 재설계를 추진했고, 시뮬레이션 기반의 시나리오 플랜을 통해 잠재적 리스크에 대비했다. 또 수요 예측 모델과 물류 시뮬레이션을 활용해 최적의 재고·배송 전략을 수립했다. 마지막으로, 다양한 고객 접점에 반응할 수 있는 멀티채널 운영으로 온라인과 앱, 오프라인 매장 그리고 직접 배송을 연계해 고객이 신속하고 편리하게 제품을 이용할 수 있도록 했다.

그 결과, 2023 회계연도 매출은 전년 대비 2.3% 성장한 203억 9천6백만 유로를 기록했고, 전자상거래 채널 매출 비중은 22.4%로 확대됐다. F1의 피트월 전략처럼 뷔르트는 위기를 전략 재설계의 순간으로 활용했고, 민첩성과 실행력을 발휘해 지속가능한 경쟁우위를 확보했다.

변수는 성장을 폭발시키는 연료

예측 불가능한 변수는 위기가 아니라 오히려 성장을 촉진하는 연료다. 핵심은 위기 자체가 아니라, 그것을 어떻게 읽고 얼마나 신속히 실행하느냐에 있다.

그 출발점은 정보의 통합과 속도다. 기온·노면 습도처럼 미세한 신호가 승부를 갈랐던 피트월처럼, 기업도 내부 운영 지표와 외부 시장 데이터를 하나의 플랫폼으로 묶어 실시간으로 해석할 수 있어야 한다. 단편적 모니터링이 아니라 시뮬레이션과 결합한 분석으로 여러 시나리오의 결과를 비교·수치화하면 리스크와 보상의 균형을 판단할 근거가 생긴다.

결정은 현장에서 이뤄져야 한다. 모든 결정이 상부와 중앙에서 이루어지는 복잡한 승인 절차는 속도를 빼앗는다. F1 팀이 드라이버와 피트스톱에서의 현장 판단을 신뢰하고 권한을 위임하듯, 기업도 각각의 권한 범위를 명확히 하고 현장의 판단과 실행을 지원하는 체계를 갖춰야 한다. 동시에 그 실행은 연습을 통해 완성된다. 타이어 워밍업이나 피트스탑 연습이 실전에서의 정확도를 높이듯, 시나리오 기반의 모의훈련과 워게임은 위기 상황에서의 반응 시간을 단축하고 오류를 줄인다.

운영 설계는 유연성과 통제의 균형을 지향해야 한다. 재고·공급망·생산을 탄력적으로 운용할 수 있는 계약 구조와 옵션을 확보하되, 비용·손실의 상한을 설정해 리스크를 관리 가능한 수준으로 묶어두어야 한다. 플랫폼 비즈니스라면 제품 확장보다 고객 전환과 재구매 메커니즘에 우선순위를 두어야 장기적 가치가 유지된다.

　마지막으로 문화와 리더십이 이 모든 것을 연결한다. 위기 상황에서 문제를 숨기는 조직은 회복을 포기한 것이다. 투명한 커뮤니케이션, 신속한 거버넌스 개입, 그리고 성과 뒤 핵심 가정을 공개적으로 재검증하는 습관은 확증 편향을 막고 조직의 학습 속도를 높인다. 리더는 결단을 내릴 때 데이터를 근거로 리스크를 정량화하고, 실패를 두려워하지 않는 실험적 문화를 장려함으로써 구성원들이 기민하게 움직이도록 만들어야 한다.

　결국 불확실성은 운명의 장난이 아니다. 준비된 조직은 불확실성을 기회로 전환해 도약의 발판을 마련한다. F1 피트월처럼 위기에 대비해 학습과 실행을 결합한 조직만이 불확실성의 트랙 위에서 가속 페달을 끝까지 밟을 수 있다.

"나의 목표는 언제나 가능한 한

천천히 우승하는 것이었다."

My goal was always to win as slowly as possible.

—알랭 프로스트(Alain Prost)*

* 1955~. 프랑스 출신의 전 레이싱 드라이버. 1985년-86년, 1989년, 1993년
4회 월드 챔피언이 되었다. '교수'라는 별명으로 불릴 만큼 차량, 특히 타이어
관리에 철저했다. 아이르통 세나와의 라이벌 관계로 유명하다.

6

피니시 라인은
끝이 아니다

점심시간을 놓쳐 허름한 건물 1층의 백반집에 들어갔다. 이미 점심시간이 한참 지났는데도 가게 안은 인근 공사장 인부들로 북적였다. 맞은편 테이블에는 건설 현장 로고가 새겨진 조끼를 입은 네 명이 둘러앉아 이야기꽃을 피우고 있었다. 나는 이어폰을 낀 채 음악을 듣고 있었는데, 시간이 흐르면서 그들의 대화가 귀에 들어오기 시작했다. 작업반장쯤 되어 보이는 중년의 남자가 주말에 지리산 등반을 준비하는 청년에게 조언을 건네고 있었다.

"큰 산에 오를 땐 힘을 나눠 써야 혀. 올라갈 때 30%, 내려올 때 40%, 나머지 30%는 혹시 모를 상황을 위해 꼭 남겨둬야 혀."

그의 경험담은 점심 내내 이어졌지만 가장 인상적인 건 '30%의 법칙'이었다. 마지막까지 아껴둬야 할 '30%의 힘'은 단지 등산에만 필요한 것이 아니라 삶 전체에도, 또 기업 경영에도 적용될 수 있지 않을까. 우연히 귀동냥한 한마디가 '경영 그루'들의 그것만큼이나 소중했다.

속도는 시작일 뿐이다

F1은 결승선만 넘으면 우승이 확정되는 육상 경기와 다르다. 물론 비슷한 점들도 있다. 일단 한 시간 넘게 시속 300km로 달리며 추월과 방어를 반복하는데, 이는 단거리든 장거리든 육상 경기에서도 마찬가지다. 육상 경기도 경쟁 상대를 신경 쓰며 진로를 방해하거나 뒤에 붙어 바람을 피하며 추월할 힘을 얻곤 한다. F1에서는 엔진 온도, 유압, 공기역학 밸런스 중 하나만 흐트러져도 페이스가 무너진다. 연료와 타이어 상태는 매 랩마다 바뀌고, 팀은 실시간 데이터를 바탕으로 계산하며, 드라이버는 긴장의 끈을 놓지 않는다. 육상 선수들도 결승선을 통과하기 전까지 여러 조건과 요소를 신경 쓴다. 차이는 마지막에 있다. F1에서는 결승선을 가장 먼저 통과하고도 연료가 바닥나 자력으로 피트에 복귀하지 못하면 실격당한다.

경영 현장은 어떨까. 경영 현장은 육상보다는 F1과 닮았다. 매출 목표를 달성했다고 해서 끝나는 것이 아니다. 초반에 모든 자원을 쏟아부으면 다음 도전은 없다. 예산을 전부 소진한 개발팀은 후속 R&D를 잃고, 고객 서비스에 전력을 다한 조직은 내부 프로세스 개선이나 조직 역량 강화에 필요한 여력을 잃는다. 중요한 것은 목표 달성 자체가 아니라, 그 이후에도 조직이 흔들리지 않도록 '남겨두는 연료'를 설계하는 일이다.

출발과 결말은 서로 다른 과제를 요구한다. 출발점에서는 새로운 도전에 대한 두려움을 극복해야 하고, 결말에서는 소진된 에너지 속에서 마지막 과제를 끝까지 챙겨야 한다. 프로젝트가 끝난 뒤에도 남겨둔 '미래를 위한 연료'가 다음 계획을 추진하는 동력이 된다. 결승선을 통과한 차가 피트로 돌아가 연료를 보충하고 다시 트랙에 나서듯, 기업도 전략적 비축과 회복의 시간을 통해 다음 라운드를 준비해야 한다.

절제된 페이스가 승부를 만든다

메르세데스-AMG 페트로나스 팀은 2019년 헝가리 그랑프리에서 절제된 페이스 전략으로 루이스 해밀턴의 역전 우승을 이끌었다. 해밀턴은 예선 3위로 출발했지만 초반에 무리한 스프린트를 하지 않고 적정 페이스를 유지하며 추월 기회를 노렸다. 덕분에 머신의 열과 기계적 스트레스를 줄였고, 타이어와 엔진 상태를 안정적으로 관리할 수 있었다. 팀은 에너지 회수 시스템(ERS)과 타이어 전략을 통합해 전력 배분을 조율했고, 해밀턴은 이를 후반까지 전략적으로 활용했다. 절제된 페이스와 정교한 피트 전략의 조합은 막판 추월로 이어졌고, 해밀턴은 꾸준한 랩타임을 유지하며 우승을 확정했다.

중반부터 진행된 급격한 타이어 마모를 억제하기 위해 메르세데스 팀은 브레이킹과 가속 구간에서 주행 방식을 조정하고, 에너지 관리를 통해 전력을 효율적으로 사용했다. 마지막에는 전략적 피트스톱으로 신선한 타이어를 장착해 승부수를 던졌다. 핵심은 피트스톱의 횟수가 아니라 타이밍과 자원 배분이었다. 연료 관리 또한 마찬가지였다. 팀들은 결승선을 통과한 뒤에도 차량이 자력으로 피트로 복귀할 만큼의 연료를 반드시 남겨둔다. 이는 단순한 여유가 아니라 규정 준수와 안전까지 고려한 전략적 판단이다.

현장에서 엔지니어들은 온도, 타이어 마모, 엔진 상태를 실시간으로 모니터링하며 수십 가지 시나리오를 돌린다. ERS는 추월이 유리한 섹터에서는 집중적으로 방출하고, 그렇지 않은 구간에서는 회수 위주로 운용해 후반부의 여력을 남겨둔다. 훈련된 피트크루의 실행력과 트래픽 예측이 결합된 피트 타이밍은 신선한 타이어의 효과를 극대화하는 장치다. 결국 남겨둔 연료와 전력은 비축 그 자체가 아니라 필요할 때 즉시 꺼내 쓸 수 있도록 준비된 무기였다. 비즈니스 현장에서도 예비 예산이나 전담 조직이 존재하는 것만으로는 부족하다. 언제, 어떤 조건에서 사용할지를 명확히 규정해야만 그 비축이 경쟁우위로 전환된다.

페이스메이커 전략이 언제나 성공하는 건 아니다. 출발에서 도착까지 자기 페이스를 유지하는 일은 결코 쉽지 않다. 2024년 헝가리 그랑프리에서 비자 캐시 앱 레이싱 불스 팀의 다니엘 리카도는 예선 9위에서 출발해 초반에 일찍 피트에 들어가 하드 타이어로 바꾸는 전략을 택했다. 그러나 타이밍이 너무 빨라 중간 그룹 트래픽에 갇히며 하드 타이어의 이점을 살리지 못했다. 결국 기대했던 페이스를 보여주지 못한 채 12위로 레이스를 마쳤다.

팀은 전략적 정보 공유와 대안 시나리오 부족을 인정했다. 총괄 감독 로랑 메키스는 "리카도가 피트 전략을 제안했을 때 충분한 정보를 제공하지 못했고, 그 결과 기회를 놓쳤다."고 밝혔다. 정보의 흐름이 원활하지 않으면 최고의 페이스를 만들어낼 기회를 잃고, 대안 시나리오 없이 단일 전략에만 의존하면 예기치 못한 변수 앞에서 맥없이 무너질 수 있다. 최고의 페이스는 기세가 아니라 활발한 정보 공유와 의사소통, 탄탄한 대안 시나리오 등으로 가능한 것이다.

자라(ZARA)의 '비축 전략'

비즈니스 현장에서 초기의 과감한 속도는 단기적 성과를 가져올 수 있으나, 중간과 종료 이후를 고려한 절제와 비축이 없으면 다음 라운드의 기회를 잃게 된다. 초기 투자와 리소스 집행만큼이나 '이후의 여력'을 확보하는 일이 중요하다.

패스트 패션을 대표하는 브랜드인 자라(ZARA)는 2008년, 전 세계적인 금융위기 당시 다른 패션 기업들과는 다른 행보를 취했다. 먼저 자라는 무리한 할인 대신 실시간 POS 데이터로 매장별 판매 흐름을 본사와 공유했다. 본사는 데이터를 바탕으로 어떤 상품을 어디에 보낼지를 초단위로 결정했는데, 덕분에 무리하게 재고를 처분하지 않고 수요 회복 시점에 맞춰 소량으로 보충해 매장의 신선도를 유지할 수 있었다.

짧은 리드타임의 생산·물류가 이를 뒷받침했다. 디자인은 중앙에서 통제하되 보충은 현장의 신호에 따라 실행했고, 무리한 마크다운을 피하면서 현금 흐름을 안정적으로 유지했다.

운영의 실행과정은 치밀했다. 매장별 판매 데이터는 시간 단위로 시스템에 반영되어 본사에서 자동적으로 재주문되었고, 인근 공장과 계약사에 소량 발주가 들어가면 물류센터가 우선 처리해 가장 빠른 루트로 배송했다. 이런 흐름은 '품절 → 대량 마크다운'의 악순환을 차단했고, 고객에게는 정상

가의 신상품 경험을 지속 제공하면서 브랜드 파워와 이윤을 동시에 방어하는 결과를 낳았다.

이 덕분에 자라는 위기 속에서도 현금을 보존했고, 그 여력을 바탕으로 점포 확장, 온라인 채널 강화, 물류·IT 투자 등을 이어갔다. 똑같은 위기 상황에서 경쟁사들이 재고를 헐값에 처분할 때, 자라는 현금과 재고, 공급망의 유연성을 동시에 비축함으로써 위기 직후 빠르게 반등할 수 있었다. F1의 페이스메이커가 연료와 타이어를 아껴두었다가 마지막 승부에 모든 것을 거는 것처럼, 자라는 위기 국면을 견딜 현금과 유연성을 남겨두고 국면 전환 시점에 전력을 집중해 시장 우위를 확립했다.

테라노스, 속도 중독의 파국

반면 속도만 추구한 기업은 무너졌다. 2003년에 창업한 테라노스는 '한 방울의 혈액으로 수십 가지 검사'라는 약속으로 단기간에 수십억 달러의 가치를 인정받았지만, 기술 검증과 규제 대응, 투명성이 없었다.

2015년 《월스트리트저널》은 테라노스의 검사 장비와 방식이 일관되게 신뢰할 만한 결과를 내지 못한다는 보도를 내놓았다. 이어 파트너사와 규제 당국이 집중적으로 조사에 나섰고, 작은 의혹들이 쌓이면서 신뢰는 급격히 붕괴됐다. 2016년에는 유통 파트너인 월그린이 계약을 종료하고 매장 내 서비스를 중단했다. 미국 CMS(메디케어·메디케이드 서비스 센터)는 실험실 인증과 운영 권한에 제재를 가했고, 결국 회사는 주요 계약과 사업 기반을 잃었다. 창업자 엘리자베스 홈즈와 경영진은 투자자 기만 혐의로 기소돼 법적 책임을 지게 되었다.

테라노스의 몰락은 단순한 기업 스캔들을 넘어, 속도 경쟁에 몰입하는 오늘날의 기업들에 경고를 보낸다. 검증되지 않은 기술을 앞세운 성급한 확장은 투자자와 사회적 신뢰를 한순간에 잃게 만들 수 있다. 속도를 사랑하되, 신뢰를 세우는 과정이 먼저라는 사실을 보여준 것이다. 균형이 무너지는 순간 다음 라운드는 오지 않을 수 있다.

페이스 설계가 곧 생존이다

페이스메이커 전략을 발휘하려면 조직 전반에 핵심 지표를 투명하게 공유하는 체계가 필요하다. 누구나 실시간으로 확인할 수 있는 대시보드를 통해 수요, 비용, 운영 현황을 즉시 파악해야 한다. 단일 목표에 매몰되지 않고, 최악·중간·최고

성과 시나리오를 설정해 단계별 대응책과 예비 자원을 마련해야 한다.

또한 비상 상황에 즉시 가동할 수 있는 예비 예산과 전담 조직, 외부 파트너 네트워크가 준비되어야 한다. R&D, 마케팅, 재무, 운영 등 주요 부서들이 협업하며 현재 리소스 사용 현황과 향후 계획을 교차 검증할 수 있는 거버넌스 모델이 필요하다. 그래야 단일 전략의 실패가 조직 전체를 흔들지 않는다.

결국 페이스메이커 전략이란 "첫 랩부터 마지막 랩, 그리고 피트 이후까지 안정된 페이스를 유지하면서도 결정적 순간에는 모든 에너지를 쏟을 준비를 완벽히 갖추는 것"이다. 철저한 에너지 분배와 전략적 비축 설계가 있을 때, 조직은 예측 불가능한 변수 앞에서도 흔들림 없이 지속가능한 성장과 경쟁우위를 지켜낼 수 있다.

“나의 피트스톱 전략이 우승을 도왔다.”

My pit stop strategy helped me to win.

—미하엘 슈마허

7

승패를 가르는 2초의 예술

현대 F1의 평균 피트스톱 시간은 2.0~2.5초 사이다. 피트스톱은 타이어 교체 등이 일어나는 정비 시간이지만, 한편으로는 드라이버가 트랙 위에서 쌓아 올린 속도를 멈춰 세운 채 아주 짧은 찰나에 이후 전략을 바꾸는 극적인 무대다. 규정상 최소 한 번의 피트스톱과 두 종류 이상의 타이어 사용은 의무지만, 그 순간의 0.1초 차이가 우승과 패배를 가른다. 드라이버가 트랙에서 싸우는 동안, 보이지 않는 전쟁은 피트에서 벌어진다.

피트스톱이 안정적으로 이뤄져야 팀은 언더컷(일찍 피트인해 신형 타이어로 상대를 앞지르는 전략)과 오버컷(늦게 들어가 트랙에 오래 머물며 반전을 노리는 전략)을 자유롭게 활용할 수 있다. 한 박자 빠른 피트인·아웃은 새 타이어의 장점을 최대한 활용해 공격적인 순위 상승을 가능하게 하지만, 작은 실수 하나가 쌓이면 공격 전략은 무너지고, 곧바로 보수적 운영으로 전환해야 한다.

실제로 현대 F1 상위팀의 평균 피트스톱은 2.0~2.5초, 때로는 1.8초대까지 기록된다. 이 차이를 만들기 위해 크루들은 1주일에 수십 회의 모의 훈련과 영상 분석을 반복한다. 맥라렌이 처음으로 스포츠과학 기법을 도입해 평균 스톱 시간을 4초대에서 2초대로 줄였는데, 이는 훈련과 데이터 분석을 통한 팀 그루의 기량 개선이 경쟁력에 얼마나 큰 영향을 미치는지 보여준다.

피트스톱에는 약 20명의 크루가 투입된다. 휠건을 잡아 너트를 푸는 순간부터 새 타이어를 장착하고 차량을 재출발시키기까지, 모든 동작은 백분의 1초 단위로 맞물려야 한다. 체력·민첩성·근지구력을 끌어올리는 웨이트 트레이닝, 순간 폭발력을 키우는 스프린트 훈련, 예기치 않은 변수에 즉각 대응할 수 있도록 무전·비주얼 신호를 통한 소통 능력까지 모두 요구된다. 그야말로 피트크루는 정밀한 기술, 강인한 체력, 치밀한 분석력, 끈끈한 팀워크로 무장한 집단이다.

이들의 헌신을 기리고 드라이버 뒤에서 0.1초를 지켜내는 '보이지 않는 영웅'의 가치를 세상에 알리기 위해 2015년부터 'Fastest Pit Stop Award'가 만들어져 시행되고 있다. DHL이 제정한 이 어워드는 매 경기 가장 빠른 피트스톱을 기록한 팀에 포인트를 부여해(1위 25점·2위 18점·3위 15점… 10위 1점의 방식으로 점수를 준다) 시즌 종료 시 누적 점수가 가장 높은 팀에 상을 준다. 단순한 정비 인력을 넘어 레이스의 결정적 순간을 책임지는 핵심 인력임을 인정한 것이다. 2024년에는 레드불 레이싱이 552점을 기록하며 7년 연속 수상에 성공했다.

백오피스가 만든 전환점: 이마트

경영 현장에도 이처럼 눈에 잘 띄지 않지만 성패를 좌우하는 영역이 있다. 바로 백오피스다. 프론트오피스가 민첩한 대응과 실시간 소통으로 고객과 직접 마주할 때 백오피스는 뒤에서 제품과 서비스의 품질을 일정하게 유지하기 위한 정교한 관리 체계를 운영한다. 제조기업의 품질관리팀이라면 통계적

공정 관리를 통해 결함율을 낮추려 노력하며, 금융기관의 백 오피스팀은 결산·세무·컴플라이언스 절차를 철저히 준수해 작은 실수 하나가 조직에 미치는 리스크를 최소화한다.

이마트는 2025년 상반기 ERP(Enterprise Resource Planning: 전사적 자원 관리) 시스템을 통합하며 분리 운영되던 계열사들의 매입·발주·재고·물류 과정을 하나의 플랫폼에 모았다. 이를 통해 협력업체 계약을 단일화해 업무 효율을 높였고, 상품 소싱과 물류 운영을 매끄럽게 연계했다. 통합 직후 회사는 매출이 전년 동기 대비 5% 성장했다고 발표했다.

이마트는 AI 기반 수요 예측과 자동 발주 시스템도 접목했다. 날씨·이벤트·SNS 트렌드까지 실시간 분석해 불필요한 재고를 줄이고 품질 리스크를 최소화했다. 이를 통해 재고 회전율이 빨라지고 협력사 납품 사이클이 단축되면서 '적기에 필요한 상품을 적정량만' 확보하는 체계가 갖춰졌다.

2024년 영업이익 471억 원에서 2025년 1분기 1,593억 원으로 이어진 실적 개선은 단순 비용 절감이 아니라 고객 경험과 매출로 연결되는 '속도와 정교함의 균형'을 증명했다. 보이지 않는 운영 역량이 핵심 경쟁자산이 되고, 데이터 기반의 실시간 의사결정이 속도와 정교함의 균형을 가능하게 한 것이다. 마치 피트크루가 0.1초의 차이로 승부를 바꾸듯, 백오피스 혁신은 기업 전체 경쟁력을 끌어올린다. 다만 이러한 전환이 실질적 성과로 귀결되려면 조직문화의 변화, 협력사 거버넌스 강화, 투자 우선순위의 재정비가 병행되어야 한다.

드러나지 않은 균열: 와이어카드

백오피스가 무너지면 어떤 화려한 외형도 오래 버티지 못한다. 유럽 핀테크의 스타였던 독일의 금융서비스 기업 와이어카드(Wirecard)는 눈부신 성장 뒤에 숨어있던 내부 균열을 감추다 파국을 맞았다. 《파이낸셜 타임스》의 탐사보도로 필리핀·싱가포르 계좌에 있다고 보고된 거액 현금이 허구임이 드러나자 기업은 순식간에 붕괴했다. 내부 회계와 감사 기능은 문제를 드러내지 못했고, 경영진은 단기 실적 방어를 위해 투명성을 희생했다.

이 사건은 단순한 회계 부정이나 경영진의 윤리적 실패가 아니라 시스템·문화·거버넌스의 총체적 실패였다. 내부 통제 능력이 약화된 조직은 작은 의심조차 포착하지 못하고, 문제 제기를 억누르는 문화는 자기정화 능력을 잃게 한다. 백오피스는 비용 절감 대상이 아니라 기업 생존의 전략 자산이다. 회계·내부감사·리스크 관리 역량은 단순한 후방 자원이 아니라 의사결정의 핵심 근거를 제공하는 전방 자원이다. 데이터와 프로세스의 투명성 확보, 거래의 독립적 검증, 외부 감사와 규제기관과의 적극적 협력은 기업의 신뢰를 지키는 첫 번째 방어선이다.

조직문화와 거버넌스의 재설계 없이는 시스템적 개선도 한계에 머문다. 문제 제기를 장려하고 내부의 의심을 제도적으로 보호하는 문화가 있어야만 작은 징후가 큰 위기로 번지기 전에 교정될 수 있다. 다양한 위기 시나리오에 대한 상시적 테스트와 복구 계획, 가정 검증을 정례화하는 관행이 필요하다. 경영진과 이사회는 단순한 수익 지표뿐 아니라 리스크 지표와 가정의 타당성을 정기적으로 점검할 책임이 있다.

와이어카드의 몰락은 속도만이 능사가 아님을 일깨운다. 혁신과 확장은 중요하지만, 투명성과 검증 장치를 기반으로 하지 않으면 신뢰를 잃고 만다. 기업이 장기적 경쟁력을 확보하려면 피트크루의 철저함처럼 백오피스의 정교한 통제, 투명한 운영, 그리고 문제를 드러내고 학습하는 문화를 우선순위로 삼아야 한다. 그렇게 할 때만 예측 불가능한 충격 속에서도 조직이 흔들리지 않고 지속가능한 성장을 도모할 수 있다.

안주와 준비의 차이

F1의 우승은 드라이버 혼자 만드는 게 아니다. 피트크루의 훈

련과 팀워크가 0.1초의 차이를 만들어내듯, 기업도 보이지 않는 백오피스 역량이 성공을 좌우한다. 이마트는 ERP 통합과 AI 예측으로 운영을 혁신해 매출 성장으로 이어갔다. 여기서 주목할 점은 백오피스의 디지털화와 데이터 중심 운영이 단순한 비용 절감이 아니라 고객 경험과 매출로 연결되는 전략적 자산으로 전환되었다는 사실이다. 기업이 속도와 정교함을 동시에 추구하려면 시스템·거버넌스·협력사 관리·조직문화에 대한 전방위적 투자가 선행되어야 한다.

반대로 와이어카드는 내부 통제와 투명성을 등한시하다가 하루아침에 무너졌다. 유럽 핀테크의 유망주로 떠올랐지만, 내부 회계·감사 기능의 붕괴와 경영진의 단기성과 집착 속에서 문제를 덮어왔고, 결국 존재하지 않는 약 19억 유로의 현금이 폭로되면서 순식간에 지급불능에 이르렀다. 그 결과 시가총액이 순식간에 증발했고, 경영진은 법적 책임을 지게 되었으며, 시장으로부터의 신뢰는 회복 불가능한 수준으로 훼손되었다.

교훈은 분명하다. 겉으로 보이는 성과에 안주하는 순간 추락이 시작된다. 반대로 보이지 않는 곳에서 준비를 다진 조직은 도약의 발판을 만든다. 화려한 프론트만으로 지속가능한 성장은 불가능하며, 0.1초를 다투는 피트크루의 철저함처럼 보이지 않는 통제의 디테일이 기업의 존망을 가른다.

2부

지속가능한 경영 리더십:
멈출 줄 아는 용기,
다시 달릴 줄 아는 힘

"우리는 함께 승리하고 함께 패배한다."

We win and lose together.

—루이스 해밀턴(Lewis Hamilton)*

---

* 1985~. 영국 출신의 레이싱 드라이버로 당대 가장 유명한 F1 드라이버 중 하나로 꼽힌다. F1 최초의 흑인 선수이며, 7회 월드 챔피언에 오르는 등 미하엘 슈마허와 함께 F1 역사상 가장 위대한 선수 중 한 명으로 평가받는다. 2021년 기사 작위를 받았다.

8
성공보다 성장을 택한
'소니 헤이스'의 리더십

2025년 개봉한 《F1: 더 무비》는 단순한 레이싱 영화가 아니다. 전 세계에서 가장 치열한 모터스포츠를 배경으로 하지만, 그 중심에는 '경쟁'이 아닌 '성장'이 자리한다. 주인공 소니 헤이스는 화려한 우승보다 팀과 동료의 미래를 먼저 생각하는 베테랑 드라이버다.

드라이버로는 고령에 속하는 45세의 소니 헤이스는 기량과 속도 면에서도 엄청난 실력을 갖고 있지만 영화가 강조하는 것은 그런 '재능'이 아니다. 자신의 실패와 상처를 숨기지 않고 드러내며, 후배 조슈아 피어스를 경쟁자가 아닌 동반자, 성장의 파트너로 대하는 소니의 자세, 영화는 그 태도에 주목한다. 그는 극한의 경쟁 속에서도 소통과 배려를 중시하며, 중요한 순간에는 한 발 물러서 후배가 빛나도록 돕는다. 영화는 이러한 소니의 모습에서 오늘날 필요한 '성장형 리더십'의 초상을 보여준다. 엔딩은 켈리포니아 바하 사막의 오프로드 레이스 도전으로 마무리된다. 개인의 명예 회복을 넘어, 팀과 후배를 위한 헌신의 여정이었음이 그곳에서 새삼 선명해진다. '함께 달리기'의 의미를 온몸으로 증명하는 성장형 리더십의 초상을 담아낸 걸작이다.

내부 소통을 무시한 맥라렌-혼다 프로젝트

루이스 해밀턴과 메르세데스 팀의 사례는 현대 F1이 보여주는 '성장형 리더십'의 좋은 본보기다. 해밀턴과 메르세데스 팀은 2014년 이후 압도적인 우승 행진을 이어갔다. 이는 단순히 한 명의 천재 드라이버 때문이 아니었다. 해밀턴은 개인 기량에 더해 팀 내외의 소통, 멘토링, 사회적 책임까지 아우르며 팀 전체의 성장을 이끌었다. 드라이버·엔지니어·메카닉이 서로를 존중하며 열린 소통을 할 때 기술적 한계를 뛰어넘는 혁신이 가능했고, 이것이 장기적 성공의 토대가 되었다.

반면 맥라렌-혼다 프로젝트(2015-2017)는 성장형 리더십의 부재가 불러온 실패 사례다. 맥라렌과 혼다의 재결합은

    2부   지속가능한 경영 리더십

전설적 영광의 재현을 목표로 했지만, 혼다가 제공한 파워유닛 엔진은 신뢰성과 출력에서 잦은 문제를 드러냈고, 경기를 완주하지 못하는 일까지 일어났다. 알론소는 경기 도중 "이건 GP2(현 F2) 엔진이다!"라는 무전 메시지로 불만을 외부에 노출했다. 팀 내부 갈등을 선수가 공개적으로 드러낸 것이다.

문제는 기술 결함보다 내부의 신뢰와 소통 부재였다. 맥라렌과 혼다 사이, 그리고 팀 내부에서 성과 부진의 원인을 서로에게 전가하는 분위기가 만연했고, 엔지니어와 드라이버 간 피드백도 제대로 작동하지 않았다. 알론소의 공개적인 불만 표출은 내부 신뢰를 훼손했고 협업을 어렵게 만들었다. 결국 맥라렌-혼다는 컨스트럭터 순위 하위권을 맴돌았고, 알론소 개인도 리타이어와 포인트 부족으로 최악의 시즌을 겪었다.

기술보다 문화를 먼저 바꾸다: 마이크로소프트

2014년, 당시 모바일 전환에 실패한 마이크로소프트는 위기에 직면했다. 이미 시장이 모바일 중심으로 재편되는 상황에서 윈도우폰은 안드로이드와 iOS에 밀렸고, 노키아 인수는 큰 손실을 남겼다. 윈도우와 오피스 같은 레거시 제품에 대한 과도한 의존과 수직적 조직문화, 성과 중심의 상대평가 체계는 혁신과 협업을 가로막아 회사의 성장 잠재력을 갉아먹고 있었다.

이때 CEO로 취임한 사티아 나델라는 기술보다 사람과 조직문화를 바꾸는 것이 시급하다고 판단했다. 그는 '배우는 조직'을 내세우고 실수를 학습의 기회로 삼는 문화를 심었다. 성과를 서열화하는 상대평가 제도를 없애고, 자유로운 실험과 협업을 장려하는 해커톤(Hackathon) 문화를 장려했다. 직원 간 신뢰와 도전의 분위기를 회복하는 것이 가장 큰 목표였다. "우리가 싸워야 할 상대는 경쟁사가 아니라 어제의 우리 자신"이라는 그의 메시지는 직원들의 신뢰와 동기를 회복시켰다.

전략적으로는 경쟁력이 없는 모바일 부문을 축소하고 클라우드와 AI에 집중했다. 애저(Azure) 플랫폼에 대한 대대적 투자를 단행하고, 온프레미스 중심의 제품을 SaaS(서비스형 소프트웨어) 모델로 전환했으며, GitHub(개발자 생태계), LinkedIn(비즈니스 네트워크), Nuance(음성·의료 AI) 인수와 Open AI와의 전략적 제휴 등으로 사업 생태계를 빠르게 확장했다.

결과는 구체적이고 인상적이었다. 클라우드 매출은 2014년 약 45억 달러에서 2024년에는 1,100억 달러 이상으로 급격히 성장했고, 애저는 글로벌 클라우드 시장에서 2위(약 20~24% 수준)에 올라 AWS를 바짝 추격하고 있다. 시가총액도 2014년 수준의 약 3천억 달러에서 2024년에는 3조 달러대에 이르러 애플과 함께 세계 최대 기업 반열에 올랐다. 또한 Copilot·Bing AI·Microsoft 365의 AI 기능 등으로 생성형 AI 분야에서도 주도권을 확보하며 새로운 성장 동력을 창출했다.

나델라가 시도한 사람 중심의 문화 변화와 전략적 자원 재배치(클라우드·AI·생태계 확장)는 실질적인 비즈니스 성과로 이어졌으며, 기업 가치를 높이는 데 기여했다. 영화 《F1》에서 헤이스는 트랙 위의 화려한 승리보다 후배의 성장을 우선하고, 실수를 숨기지 않으며 그것을 학습의 기회로 삼는다. 갈등 대신 신뢰로 팀을 묶고, 단기성과에 집착하지 않으며 팀과 후배의 미래를 설계한다. 기술을 중시하던 기업에서 사람 중심의 변화를 이끈 사티아 나델라의 리더십과 닮은꼴이다. 성장형 리더십의 핵심은 간단하다. 사람에 대한 믿음을 통해 성장하는 것이다.

오늘날 급변하는 환경에서 조직은 단기성과를 넘어 구성원 각자의 의미와 잠재력을 이끌어낼 리더를 필요로 한다. F1의 트랙이든 기술의 최전선이든, 진정한 성장은 '혼자 잘하는 리더'가 아니라 '모두를 잘하게 만드는 리더'로부터 시작된다는 점을 나델라와 헤이스가 잘 보여준다.

정의선, 현대차의 미래를 여는 법

현대차그룹의 정의선 회장 역시 성장형 리더십의 생생한 사례다. 그는 '빠르게 달리는 것'보다 '지속가능하게 달리는 것'이 중요하다는 인식 아래, 조직의 체질을 바꾸고 그룹 전반에 새로운 방향성과 문화를 심어왔다. 단기 실적에 매몰되지 않고, 긴 호흡으로 변화와 진화를 이끈다는 점에서 전형적인 성장형 리더십이라 할 수 있다.

2010년대 중반까지만 해도 현대차그룹은 내연기관 중심의 보수적 문화가 우세했다. 정의선은 이를 전기차, 수소차, 자율주행, 모빌리티 플랫폼 중심의 기업으로 전환하기 위해 과감한 의사결정을 이어갔다. 기술 변화의 후발주자가 되는 것을 경계하며 미래 모빌리티의 방향을 단호히 설정한 것이다. 전략적 전환의 배경에는 단순한 제품 혁신을 넘어 조직문화와 구성원 의식의 변화를 이끌려는 깊은 고민이 있었다.

변화는 조직에서부터 시작됐다. 그는 수직적 보고 체계와 폐쇄적 의사결정 문화를 완화하고, 젊은 리더 발탁과 실패에 관대한 환경 조성을 통해 유연하고 민첩한 조직을 만들고자 했다. 실제로 주요 부서를 대대적으로 쇄신하며, 연공서열보다 실행력과 책임감을 중시하는 문화를 정착시켰다. 연구개발 부문에서는 자동차 중심 개발을 넘어 로보틱스, UAM(도심항공교통), AI 플랫폼 등 미래 산업과 연결되는 신사업 포트폴리오를 직접 주도했다.

또한 그는 외부 파트너와의 개방형 협업에도 적극적이었다. "혼자 가면 빠를 수 있지만, 함께 가면 멀리 간다."는 기조 아래 보스턴 다이내믹스 인수, 앱티브(Aptiv)와의 자율주행 합작사 모셔널(Motional) 설립, AWS·엔비디아·MS와의 기술 협업 등을 통해 글로벌 생태계 속에서 현대차의 위상을 확장시켰다.

정의선의 리더십은 위기 상황에서 더욱 빛났다. 팬데믹 초기, 글로벌 공급망 붕괴와 반도체 부족 사태 속에서 그는 부품 공급망을 유연하게 재편하고 현장과의 실시간 소통을 강화해 위기 대응 능력을 극대화했다. 이 과정에서 현장 의견을 수용하는 리더십, 책임을 나누는 리더십, 성과보다 회복력을 중시하는 리더십이 드러났다.

현대차그룹은 정의선의 주도 아래 '기술 혁신'과 '조직문화 혁신'이라는 두 축을 통해 새로운 성장 엔진을 찾았다. 그 결과 현대차는 2024년 기준 전기차 글로벌 3위, 수소차 분야 1위, 시가총액 100조 원 돌파라는 성과를 달성했다. 이는 조직 전체가 유기적 생태계로 진화한 결과였다. 성장형 리더십은 이제 리더 개인의 선택이 아니라 시대적 요청이다. 명령하고 통제하는 전통적 리더십을 넘어, 공감하고 연결하며, 변화를 수용하고 성장을 설계하는 리더십이 필요하다.

성공의 진짜 동력, 함께 성장하는 문화

F1의 소니 헤이스, 해밀턴과 메르세데스, 사티아 나델라, 정의선. 이들의 공통점은 '함께 성장하는 문화'를 만들었다는 데 있다. 개인 성과보다 팀의 성장을 중시하고, 단기적 성과보다 장기적 비전을 설계하며, 구성원 개개인의 잠재력을 조직의 비전과 연결한다.

단기적 승리와 눈부신 성과는 주목을 받지만, 그것만으로는 조직이 오래 지속될 수 없다. 불확실성과 변화가 당연해진 시대일수록 사람을 중심에 두고, 기술과 성과를 넘어 생태계를 성장시키는 리더십이 중요하다.

소니 헤이스가 보여준 배려와 연결의 리더십, 해밀턴과 메르세데스 팀의 수평적 협업 문화, 알론소와 맥라렌 사례에서 드러난 리더십의 공백은 서로를 비추는 거울과 같다. 또한 나델라가 이끈 마이크로소프트의 변신과 정의선 회장이 이끌어낸 현대차의 전환은, 성장이 단순한 성과의 문제가 아니라 관계와 철학의 문제임을 증명한다.

다가오는 시대에는 더 빠르게, 더 효율적으로 목표를 달성하는 능력만으로는 충분하지 않다. 앞으로의 리더는 얼마나 멀리, 얼마나 오래, 그리고 얼마나 많은 사람과 함께 성장해갈 수 있는가를 기준으로 평가받을 것이다.

　지금 이 순간에도 우리는 알게 모르게 수많은 조직의 회의실과 F1 그랑프리의 피트워크 한가운데에서, 새로운 소니 헤이스, 사티아 나델라, 정의선과 같은 리더들이 태동하는 장면을 목격하고 있을지 모른다. 진정한 리더십은 누가 가장 빨리 달리는가가 아니라, 누가 가장 멀리 함께 달리는가를 묻는다.

"함께 모이는 것이 시작이고, 함께 머무는 것이 발전이며,

함께 일하는 것이 성공이다."

Coming together is a beginning.
Keeping together is progress. Working together is success.

—헨리 포드(Henry Ford)*

---

* 1863-1947. 미국의 기업가. 포드 모터컴퍼니 설립자. 세계 최초로 자동차의 대량 생산에 성공했다. 그의 이름을 딴 '포디즘'은 컨베이어 시스템 기반의 대량 생산·대량 소비 체제를 의미하며, 20세기 산업화와 자본주의 발전에 큰 영향을 미쳤다.

9

경쟁의 한계를 넘어, 움트는 협력

올해 마흔 살이 된 루이스 칼 데이비드슨 해밀턴은 현세대 최고의 F1 드라이버로 꼽힌다. 그의 출발점은 여섯 살 때 아버지에게서 받은 무선으로 조종하는 작은 차였다. 직접 운전해 보고 싶다는 강렬한 욕망은 곧 카트로 이어졌고, '해밀턴 패밀리 카트 팀'은 그의 첫 번째 레이싱 무대였다. 아버지 앤소니는 낡은 카트를 손수 개조했고, 어머니는 대회 일정을 챙겼으며, 여동생 니콜은 랩타임을 기록했다. 가족의 전폭적 헌신 덕분에 해밀턴은 정비, 데이터 분석, 전략 수립 등 모터스포츠의 기본기를 자연스레 체득할 수 있었다. 열 살 무렵인 1996년, 그는 영국 내셔널 카트 챔피언십에서 최연소 우승을 차지하며 재능을 입증했다. 동년배 라이벌들과 치열한 경쟁을 거치면서 기술적 디테일을 배우고, 패배할 때마다 "다음에는 반드시 이기겠다."는 결의를 다졌다.

경쟁은 냉혹하지만 최고의 연료다

1998년, 포뮬러 르노로 한 단계 올라섰을 때 해밀턴은 맥라렌과 메르세데스-벤츠가 운영하는 '영 드라이버 서포트 프로그램'에 선발되었다. 전담 엔지니어와 함께 서스펜션 세팅을 세밀히 조율하고, 주니어팀 동료들과 데이터를 공유하며 서로를 '라이벌이자 멘토'로 삼았다. 이런 경험을 통해 새로운 차량에 대한 적응 속도를 높일 수 있었다.

2006년 GP2(현 F2) 챔피언십을 제패한 후에도 그는 협업을 멈추지 않았다. 팀 내 경쟁자인 넬슨 피케 주니어와도 데이터 공유와 테스트를 이어갔고, 다양한 관점으로 레이스 전략을 검증하며, 치열한 추격 상황에서도 한층 단단한 경기력을 발휘할 수 있었다.

2007년 드디어 맥라렌 소속으로 F1에 데뷔했을 때, 그는 팀 메이트 페르난도 알론소와 포인트 경쟁을 벌였다. 그러나 그해 팀 내 소통 부재와 '데이터 독점'으로 인한 불신은 큰 장애였고, 세 번의 우승에도 불구하고 챔피언 타이틀을 놓치면

2부   지속가능한 경영 리더십

서 해밀턴은 중요한 교훈을 얻었다. "진정한 경쟁은 혼자 잘 나기 위한 것이 아니라 팀 전체의 역량을 최대한 끌어올리는 것"이라는 깨달음이었다.

2013년 메르세데스로 이적한 뒤 그는 협력 구조를 체계화했다. 핵심 엔지니어인 피터 보차, 앤디 커웰 등과 1:1 피드백 세션을 도입했고, 라이벌 니코 로즈버그와도 데이터를 공유하며 팀 챔피언십을 최우선에 두었다. 이런 협력이 2008년, 그리고 2014~2020년 여러 차례 이어진 드라이버·컨스트럭터 타이틀의 기반이 되었다.

해밀턴의 경험은 경쟁과 협력의 균형이 어떻게 한 선수를 정상에 오래 머물게 하는지 보여준다. 개인의 집념과 불꽃 같은 경쟁심은 한계를 돌파하게 하지만, 협력은 그 불꽃을 지속가능한 전력으로 바꾸는 서스펜션 역할을 한다. 승리에 대한 집착만으로는 최고의 자리를 지키기 어렵다. 함께 성장하는 구조와 신뢰의 생태계 안에서 비로소 최고의 퍼포먼스가 꾸준히 유지될 수 있다.

경쟁은 그 자체로 냉혹하지만, 동시에 성장의 가장 강력한 엔진이다. 라이벌과의 한 치 양보 없는 경쟁은 드라이버 스스로 자신의 한계를 직시하게 만들고, 기술적·정신적 완성도를 극한까지 끌어올린다. 카트 트랙에서 시작해 주니어 시리즈, F2, 그리고 F1에 이르기까지, 해밀턴의 F1 드라이버 성장기는 단순한 승패의 기록이 아니라, 경쟁을 통해 자신을 재발견하고 한 차원 높은 경지로 나아가는 여정 그 자체다.

한국 핀테크 혁신의 드라이버, 토스

비바리퍼블리카는 2014년 이승건 대표가 창업한 한국 대표 핀테크 기업이다. '토스'라는 국내 최고의 금융 슈퍼앱으로 2,000만 명 이상의 사용자를 확보하고 있다. 베트남 진출을 비롯해 미국 증시 상장을 준비하며 글로벌 시장을 향해 도전하고 있다. 이승건 대표는 초기 송금 서비스에서 시작해 인터넷전문은행 '토스뱅크'와 투자·보험 중개로 비즈니스 영역을 확장하며 치열한 경쟁 속에서 혁신을 이어간다.

이승건 대표는 KAIST 전산학과 시절부터 프로그래밍 대회에 참가하며 일찍이 경쟁의 매력을 깨달았다. 졸업 후에는 잠시 글로벌 금융권 취업도 고려했으나, '남들보다 앞서 새로운 가치를 만들겠다'는 목표 아래 2013년 토스 서비스를 시작했다. 초기 핀테크 시장은 은행·카드사들이 장악하고 있던 분야로, 송금 한 건에도 기술적 장애물과 규제 등이 있었지만, 이 대표는 매번 작은 성공과 실패를 '다음 버전 토스'로 연결시키며 빠르게 적응해 나갔다.

초기부터 이승권 대표는 내부 협력을 통한 기술력 강

화를 우선했다. 해밀턴이 메르세데스에서 피드백 세션으로 팀 공조를 높였듯, 이승건 대표도 엔지니어·디자이너·법무·고객지원 팀을 한데 묶는 '크로스펑셔널 팀(Cross Functional Team)'을 도입했다. 하루에도 수차례 스탠드업 미팅과 린(Lean) 워크숍을 열어, 규제 변화나 보안 이슈를 즉각 반영하고 서비스 안정성을 꾀했다. 이 과정에서 각 팀은 '라이벌'이자 '멘토'인 동료들과 데이터 기반 의사결정 문화를 공유하며 협력의 힘을 체득했다.

2015년 이후 토스가 전자금융업 인가를 받으면서 카카오페이·네이버페이 등 후발주자들과 직접 경쟁하게 되자, 이 대표는 경쟁사와의 '승부'에만 몰두하지 않고 오히려 타 업체들과 전략적 제휴를 강화했다. 은행·핀테크 기업과 협력해 B2B 솔루션을 제공하고, 협력 네트워크로 서비스 포트폴리오를 확장했다. 이승권 대표는 큰 기업들과의 경쟁과정에서 힘이 부치는 결함을 전략적 제휴 생태계를 구축하여 가치사슬에서 결핍된 부분을 하나하나 채워나갔다.

이처럼 '경쟁에서 성장 동력을 얻고, 협력으로 지속가능한 성과를 낸' 전략 덕분에 토스는 2021년 1조 원 이상의 기업 가치를 인정받는 유니콘을 넘어 데카콘 후보로 거론되고 있다. 해밀턴이 여러 차례 드라이버 타이틀을 거머쥔 것처럼, 이승건 대표 역시 뚜렷한 경쟁 과제와 견고한 협력 구조를 통해 한국 핀테크 시장에서 독보적 입지를 구축함은 물론, 향후 국내 핀테크 금융시장을 이끌어갈 미래 혁신가로 주목받고 있다.

이승건 대표의 여정은 '경쟁은 업무 역량을 극한까지 끌어올리는 엔진이고, 협력은 조직과 개인의 지속가능한 성장을 보장하는 서스펜션이다'라는 F1 조직의 성장 공식과 그 결을 같이한다.

경주 서킷과 스타트업 무대의 공통점

치열한 트랙 위에서 속도를 겨루며 한계에 도전하는 F1 드라이버처럼, 스타트업 회사도 경쟁을 통해 업무 역량과 문제 해결 능력을 극한까지 끌어올리기 위해 노력한다. 그러나 이 불꽃이 지속가능하려면, 엔진의 성능을 지탱하는 서스펜션처럼 협력이 뒷받침되어야 한다. 동료와 기술 데이터를 공유하고, 디브리핑을 통해 서로의 경험을 피드백으로 전환하는 과정은 승리를 넘어 조직 전체의 장기적 성장을 보장한다.

스타트업 창업자가 투자 유치를 위한 경쟁 속에서도 크로스펑셔널 팀을 구성해 전문성을 결집시키고, 여러 가지 긴급한 이슈를 해결하기 위해 린 워크숍을 여는 모습은 협력의 가치가 얼마나 중요한지를 보여준다. 결국, 경쟁은 나를 단련시키는 연단이고, 협력은 그 단련된 역량을 사회적·조직적 성

　　　　2부　지속가능한 경영 리더십

과로 승화시키는 구조다.

　해밀턴이 라이벌과의 맞대결을 통해 한층 더 단단해졌듯, 이승건 대표도 업계 선두주자와의 경쟁을 통해 성장했다. 하지만 경쟁만 있지는 않았다. 성장의 불꽃을 오래 지속시킨 것은 '혼자가 아닌 함께'라는 협력 구조였다. 해밀턴은 라이벌과의 맞대결에서 한계를 깨뜨리는 동시에, 팀과의 신뢰와 데이터 공유를 통해 정상의 자리를 장기간 지켜냈다. 이승건 대표 역시 금융 대기업들과의 정면 승부 속에서 토스를 성장시켰지만, 동시에 협력 생태계를 넓혀가며 서비스와 비즈니스 모델을 확장했다.

　둘의 사례는 공통된 교훈을 준다. 경쟁이 성장의 순간을 만들고, 협력이 그 성장을 미래로 연결한다. 결국 경쟁과 협력이 균형을 이룰 때에만 혁신은 일시적 성과를 넘어 장기적인 발전으로 이어질 수 있다. 다시 강조해본다. 경쟁은 나를 단련시키는 연단이다. 협력은 그 단련된 역량을 사회적 성과와 지속가능한 성장으로 승화시키는 힘이다.

“만약 모든 것이 완벽히 통제되고 있다고 느낀다면,
당신은 아직 속도를 충분히 내고 있지 않은 것이다.”
If everything seems under control,
you're just not going fast enough.
—마리오 안드레티(Mario Andretti)*

---

* 1940~. 이탈리아 출신의 전 카레이서. F1, IndyCar, NASCAR 등 성격이 다른
레이싱 부문의 각 대회를 모두 석권한 트리플 챔피언으로 유명하다.

10
자율적인 의사결정의 힘

스쿠데리아 페라리는 90년 전통을 자랑하는 '속도와 혁신'의 아이콘이었다. 창립자 엔초 페라리가 알파 로메오에서 독립해 자립형 스포츠카 125S를 만든 뒤, 1950년대 초 연이은 우승으로 명성을 쌓았다. 1970·80년대에는 엔진·섀시·공력(에어로) 분야에서 혁신을 이어가며 전성기를 구가했고, 1996년 미하엘 슈마허의 합류와 2000~2004년의 5연속 더블 챔피언십은 페라리를 단순한 레이싱 팀이 아닌 전 세계 팬이 열광하는 '꿈의 브랜드'로 확고히 만들었다.

그러나 화려한 전통과 명성만으로 모든 변화를 견디기는 어려웠다. 그러나 2022년 그라운드 이펙트 규정 전환과 2024년 업그레이드 실패는 이 전통을 흔들었다. 먼저 그라운드 이펙트 규정은 공기역학의 패러다임을 송두리째 바꿨고, 이로 인해 차체가 들썩이며 다운포스를 잃는 현상인 포포이징은 많은 팀에게 어려운 과제였다. 레드불과 메르세데스는 이를 빠르게 억제하며 경쟁력을 지켰지만, 페라리는 끝내 바운싱 문제를 해결하지 못했다. 테스트에서는 안정적이었으나 실제 레이스에서는 차체가 지속적으로 들썩였고, 드라이버들은 허리 통증을 호소했다. 2024년 중반 도입한 플로어·디퓨저 업그레이드는 오히려 문제를 심화시켜 포포이징을 재발시켰고, 결국 업그레이드 패키지는 철회되었다. 차량 페이스는 중위권 이하로 추락했고 팀 순위 역시 하락세를 면치 못했다.

겉으로는 기술적 난제로 보였지만, 그 배후에는 조직문화의 한계가 있었다. F1은 에어로, 엔지니어링, 파워유닛, 데이터과학, 메카닉, 전략 등 다양한 전문성이 긴밀히 결합해 움직인다. 각각이 전문가인 만큼 공통된 가치와 행동원칙이 뒷받침되지 않으면 소통은 단절되고 위험 감수는 위축된다. 실패를 용납하지 않는 문화에서는 누구도 과감한 실험을 제안하지 못하고, 문제 해결의 골든타임만 지나갈 뿐이다.

반대로 성공을 이어가는 팀들은 다른 문화를 보여줬다. 레이스가 있는 주말마다 수백 차례 전략을 수정하고, 실패를 곧바로 다음 주 개발로 연결하는 피드백 체계를 갖췄다. 포스트모텀과 데이터 공유, 빠른 실험과 학습 루프가 조직에 내재화되었기에 지속적인 혁신이 가능했다. 페라리는 실패를 두려워하는 분위기 속에서 과감한 실험은 사라지고, 문제 해결의 골든타임이 지나갔다. 반대로 레드불과 메르세데스는 실패를 기록하고 분석하며 곧바로 학습 루프로 전환했다. 우승을 만든 것은 공기역학보다, 실패를 감내하는 문화였다.

디지털·AI 시대의 함의

페라리의 경험은 디지털 전환과 AI 시대에 중요한 교훈을 던진다. 데이터 분석가, 개발자, 기획자, 운영 담당자 등 이질적 전문성이 통합되는 프로젝트는 공통의 가치와 언어가 없으면 협업이 지연되기 쉽다. 조직문화는 서로 다른 전문가들이 같은 방향을 바라보도록 하나로 묶어주는 토대다. 기술 실험과 개선 과정에서는 실패가 필연적인데, 실수를 숨기거나 지적하는 위주로 조직문화가 흘러가면 누구도 위험을 감수하지 않으며, 혁신적 아이디어는 쉽게 사라진다. 반대로 실패를 학습의 기회로 여기는 심리적 안전감이 확보되면 팀원들은 두려움 없이 실험하고 빠르게 배운다.

또한 시장 변화의 속도는 일 단위, 심지어 분 단위로 빨라지고 있다. 기존의 월별·분기별 의사결정으로는 대응하기 어렵다. 이때 일관된 원칙과 행동 지침이 없으면 부서마다 다른 기준으로 판단해 전체 민첩성이 훼손된다. 통일된 문화는 속도, 품질, 책임 사이의 균형을 유지하며 신속한 의사결정을 뒷받침한다. 더 나아가 AI 시대에는 윤리적·사회적 고려가 필수적이다. 조직문화는 기술 역량뿐 아니라 윤리적 책임까지 자연스럽게 수용하는 범주로 확장되어야 한다. 데이터 투명성, 사용자 프라이버시, 편향 방지 기준이 문화에 내재화되지 않으면 단기 성과가 장기 신뢰를 훼손할 수 있다.

요컨대, 전통적 강점과 최신 기술의 조화는 단순한 기술 도입을 넘어 '사람과 구조가 함께 작동하는 학습 문화'를 필요로 한다. 페라리의 경험은 전통을 지키는 것만으로는 충분하지 않으며, 실패를 통해 배우고 리스크를 감수하는 문화가 병행될 때 비로소 전통이 생명력을 가질 수 있다는 교훈을 남긴다. 기술이 아니라 문화가 지속성을 보장한다.

'권한 위임'과 '목표 정렬'의 균형: 스포티파이의 실험

스웨덴의 음악 서비스 기업 스포티파이는 단순한 기능 확장이나 기술 도입을 넘어 조직문화를 전략적 자산으로 재설계함으로써 글로벌 플랫폼으로 성장했다. 스포티파이는 기존의 기능별 부서 체계를 버리고 자율적인 작은 팀 구조를 도입해 '권한 위임'과 '목표 정렬'을 동시에 확보했다. 먼저 스쿼드·트라이브·챕터 모델은 자율성을 보장하면서도 조직 전체의 방향성을 잃지 않게 했다. 스쿼드는 기획·개발·디자인·데이터 등 필요한 역량을 한데 묶어 하나의 기능이나 경험을 소유하고 책임지는 자율팀으로 작동한다. 트라이브는 유사 스쿼드들의 전략적 방향성을 조율해 분산된 자율성이 조직 전체 목표와 충돌하지 않도록 조정한다. 챕터는 같은 전문성을 가진 구성원들이 지식과 최선의 수행 결과를 공유하는 포럼 역할을 해 전문성의 누수와 중복을 막는다. 이로써 '빠르게 실험하되 조직 전체의 기준과 품질을 지킨다'는 이중 안전장치가 만들어진다. 해커위크 제도는 빠른 실험과 학습을 제도화했다. 직원 누구나 실패를 숨기지 않고 아이디어를 시험할 수 있게 되면서, 기능 출시 주기가 평균 12주에서 6주로 단축되었고, 일일 기준 수십억 건의 스트리밍을 처리하는 플랫폼으로 성장했다.

심리적 안전감은 단순한 복지 정책 이상의 의미를 갖는다. 'GUILT-FREE' 휴가제와 백업 팀 운영은 직원이 온전하게 휴식할 수 있도록 보장하는 한편 서비스 안정성을 훼손하지 않도록 설계됐다. 이는 구성원들이 과도한 부담을 떠안거나 문제를 숨기지 않도록 만들며, 결과적으로 더 지속가능하고 창의적인 업무 수행을 가능하게 한다. 동시에 운영 안정성을 확보하기 위한 기술·공정적 장치(자동화된 모니터링, 카나리아 배포, 명확한 롤백 절차 등)와 '책임 소재보다 학습 우선'의 회고 문화가 결합될 때 속도와 안정성이 공존할 수 있다.

한편 조직은 성과와 책임의 연결을 명확히 함으로써 자율성이 무책임으로 흐르지 않게 해야 한다. 스포티파이는 팀과 개인의 성과를 사용자 경험, 스트리밍 수치, 유지율 같은 제품 결과 지표와 연결하고, 정기적 리뷰와 투명한 데이터를 통해 책임감을 제도화했다. 이때 흥미로운 점은 '실패에서 무엇을 배웠는가'를 중요한 성과로 인정하는 문화다. 성공 여부만으로 사람을 평가하지 않음으로써, 조직은 더 많은 실험을 장려하고 결과적으로 더 많은 학습을 축적한다.

마지막으로 이런 문화는 리더십과 채용에서 완성된다. 제도와 관행은 도입하기 쉽지만 유지하려면 리더의 행동이 따라야 한다. 스포티파이는 리더를 권한을 위임하고 장애를 제거하는 촉진자로 재정의했으며, 채용 과정에서는 기술 역량뿐 아니라 학습 의지와 문화 적합성을 중요하게 평가했다. 이처럼 사람과 제도가 함께 작동할 때 조직문화는 일시적 변화가 아닌 지속가능한 경쟁력으로 자리 잡는다.

고도화된 기술력만으로는 플랫폼의 장기적 성공을 보장할 수 없다. 조직 내부에서 기술을 빠르게 시험하고 안전하게 확장되도록 하는 것은 사람·관행·리더십의 의식적 설계다. 좋은 조직문화를 설계하고 제도화하며 일상으로 삼을 때, 작은 아이디어 하나가 글로벌 혁신의 씨앗으로 자라날 수 있다.

책임의 언어를 설계하라: 배달의 민족

국내의 우아한형제들도 비슷한 길을 걸었다. 우아한형제들의 디지털 전환은 단순한 조직 개편을 넘어 기술혁신과 조직문화가 서로를 증폭시키도록 하는 설계였다. 2010년 성수동의 작은 오피스텔에서 시작한 '배달의 민족'은 사용자 경험을 한 화면에 묶어 내는 서비스로 빠르게 성장했다. 이어 2019년에 대대적으로 조직문화를 개편하면서 본격적으로 성장가도를 달렸다. 핵심은 '도메인별 프로덕트 팀'으로의 전환이었다. 배달·결제·라이더·서비스 인프라 등 각 비즈니스 핵심 영역별로 기획·개발·디자인·운영·데이터 분석 등의 업무인원들이 한 팀에 모여 자율적으로 토의하고 의사결정을 할 수 있도록 조직을 재구성했다. 이러한 구조 개혁을 통해 현장의 문제를 즉시 제품에 반영하고, 의사결정의 병목을 걷어내는 동시에 책임 소재를 명확히 할 수 있었다.

짧은 주기의 실험과 배포를 일상문화처럼 만든 점도 결정적이었다. 분기 로드맵을 매주 스프린트 목표로 바꾸자 조직은 '빠르게 가설을 검증하고 틀린 것은 빨리 되돌리며 배우는' 운영 리듬을 갖게 되었다. 매주 열리는 타운홀 미팅은 단순한 보고회를 넘어 실패와 성공을 가리지 않고 전사적 학습을 촉진하는 장이 되었다. 사용자 불편을 초래한 오류의 원인을 솔직히 공개하고 해결 과정을 함께 검토하는 문화는 '불평 없는/지적 없는' 평가를 제도화해 문제점이 가려지는 것을 막고, 재발을 방지했다.

기술적 운영 능력과 조직문화는 서로를 보완하며 성과로 연결된다. 우아한형제들 개발팀이 하루 평균 20회 이상의 프로덕션 배포를 수행하고, 사고 복구 시간을 3시간에서 30분 이내로 줄일 수 있었던 것은 자동화된 배포 파이프라인과 모니터링, 롤백 전략, 표준화된 사고 대응 매뉴얼 같은 기술적 기반이 있었을 것이다. 하지만 그러한 기술 장치가 실제로 작동하려면 '누가 무엇을 책임질 것인가'가 명료해야 하고, 실패를 숨기지 않는 문화적 토대가 반드시 필요하다. 우아한형제들은 SLO(Service Level Objective)를 전사 주요 성과지표로 채택함으로써, 서비스 안정성 문제를 단지 기술팀의 책임이 아닌 전체 조직 구성원의 공동 과제로 전환했다. 고객 지원·마케팅·운영팀까지 SLO 달성에 협력하게 된 것은 '전사적 품질 책임'이라는 문화적 합의가 있었기에 가능했다. 서비스의 결함을 숨기지 않고 빠르게 고쳐 사용자 경험을 회복하는 것은 고객 충성도를 높이는 가장 강력한 수단 중 하나다.

이러한 변화는 사용자·라이더 지표의 개선으로 나타났다. 조직문화 개편 이후 월간 활성 이용자가 20% 증가했으며, 라이더 이탈율도 절반 수준으로 줄었다. 사람 중심 운영과 책임 있는 자율성이 좋은 비즈니스 결과로 귀결된 것이다.

기술은 사용자의 문제를 해결하는 도구지만, 그것을 효과적으로 운용하고 확장하는 힘은 사람과 문화에서 나온다. 속도·안정성·고객 중심을 동시에 잡고자 한다면, 기술 수준과 효용성을 높이는 일과 함께 조직의 의사결정 구조, 학습 루프, 책임의 언어를 재설계하는 일에 동등한 무게를 두어야 한다.

기술 혁신만으로는 부족하다, 제도와 문화의 혁신

결국 F1이든 디지털 기업이든 지속가능한 경쟁력을 만드는 힘은 같다. 짧은 피드백 주기, 투명한 데이터 공유, 실패를 공개하는 평가 문화, 그리고 심리적 안전감이 그것이다. 페라리는 실패를 두려워하며 골든타임을 놓쳤고, 스포티파이와 우아한형제들은 실패를 학습으로 전환해 성장을 가속했다.

따라서 기업은 기술혁신을 단순한 도구로만 바라보지 말아야 한다. 실패를 학습의 연료로 삼고, 자율과 협업, 투명성과 책임을 제도와 문화에 내재화할 때 비로소 기술은 조직 전체의 경쟁력으로 작동한다. 속도는 기술이 만들 수 있지만, 지속성은 문화가 만든다.

"당신은 팀으로만 승리할 수 있으며,

혼자서는 결코 이길 수 없다."
You can only win as a team, never alone.
— 장 토드(Jean Todt)*

---

* 1946~. 프랑스의 사업가, 전 스포츠 감독. 2009년부터 2021년까지 국제자동
차연맹(FIA)의 회장을 맡았다. 19년간의 열애 끝에 2023년 배우 양자경과 결혼
한 것으로도 유명하다.

11
리더십이 방향을 잡고 문화가 엔진을 돌린다

2013년 토토 볼프가 메르세데스의 지휘봉을 잡았을 때, 팀은 지도부 공백과 성장이라는 이중 과제를 안고 있었다. 볼프는 팀 문화의 토양을 바꿨다. 먼저 실수를 개인 책임으로 돌리지 않고 문제 그 자체에 집중하는 '노블레임(No-blame) 문화', 누구나 아이디어를 제시할 수 있는 안전지대, 데이터 기반의 정기 디브리핑 등 세 가지 혁신적 조치를 도입했다. 이것이 일시적 조치가 아니라 팀 문화로 자리잡으면서 팀은 빠르게 학습하고 문제를 개선하는 조직으로 거듭났다. 인원은 1,180명에서 2,500명으로 커졌지만, 팀은 하나의 미션 아래 단단히 결속했고, 2014년부터 2020년까지 7년 연속 컨스트럭터 챔피언이라는 전례 없는 기록을 썼다. 트로피를 들어 올린 것은 드라이버였지만, 승리는 조직 전체의 합창이었다.

메르세데스와 레드불의 공통점

2005년 부진한 재규어를 인수한 레드불은 '도전' 정신으로 체질을 바꿨다. 크리스천 호너의 젊은 리더십, 에어로 설계의 대가 애드리안 뉴이의 영입이 전환점이었다. 실패를 두려워하지 않고 실험을 반복하며, 곧바로 학습으로 이어가는 민첩한 문화가 곧 성과로 연결됐다. 2010년 세바스티안 베텔과 함께 더블 타이틀을 시작으로 3연속 시즌 우승, 최근 막스 베르스타펜의 연속 타이틀과 팀 챔피언십까지, 레드불은 '과감한 베팅'과 '핵심 인재 투자'의 힘을 증명했다.

메르세데스는 안정된 학습의 토대를, 레드불은 경계 너머의 혁신을 보여줬다. 방식은 달랐지만 공통점은 분명하다. 개인의 탁월함은 조직이라는 무대 위에서야 온전히 빛나며, 그 무대를 지탱하는 것은 반복된 대화, 실패를 받아들이는 태도, 그리고 모두가 공유하는 목적의식이다. 최고 성과는 천재 한 명의 기적이 아니라, 공동의 비전과 신뢰로 단단히 엮인 문화에서 비롯된다. 그것이야말로 진짜 '트랙 위의 영웅'이다.

스페이스X: 실패를 연료로 바꾸다

스페이스X는 우주기업을 넘어선 실험적 조직이다. 우주 접근의 비용을 낮추고 인간이 다중 행성에 거주할 수 있는 길을 여는 것을 목표로 삼고 있다. 스페이스X는 2002년 설립 이래 재사용 로켓(Falcon 9, Falcon Heavy), 유인·화물 우주선(Dragon), 차세대 초대형 발사체(Starship)와 고성능 엔진(Raptor) 등을 차례로 설계하고 시험하며 '더 싸게, 더 자주, 더 큰 목표'를 향해 나아가고 있다. 한편으로는 전 세계에 빠른 위성 인터넷을 제공하는 스타링크로 수익 구조를 모색하고, 다른 한편으로는 우주 탐사의 패러다임 자체를 바꾸려는 시도를 병행한다. 이 모든 시도가 '화성 이주'라는 거대한 비전을 향한다.

그러나 스페이스X가 다른 기업들과 가장 차별화되는 것은 기술이나 비전의 대담함보다 실패를 다루는 방식이다. 이 조직은 실패를 숨기거나 회피하지 않고, 기록하고 분석하여 다음 설계의 연료로 삼는 문화를 일상으로 만들었다. 폭발과 성공이 공존하는 현장에서 엔지니어들은 사건 뒤에 남은 계측 값과 로그, 영상, 물리적 파편을 증거로 삼아 질문을 던진다. "무슨 일이 일어났고, 그 데이터는 우리에게 무엇을 말해주는가?" 감정적 해석이나 즉흥적 추정은 배제되고, 데이터와 사실에 근거한 분석이 우선한다. 그렇게 정리된 포스트모템은 다음 실험의 설계도이자 조직의 집단 기억이 된다. 기록은 다시 설계로, 설계는 곧 실험으로 연결된다.

이 접근은 두 가지 효과를 낳았다. 첫째, 실패가 개인의 수치가 아니라 데이터로 전환되며 누구나 문제를 드러낼 수 있게 됐다. 원인 규명 과정이 개인의 잘못을 찾는 행위가 아니라 시스템과 가정을 검증하는 과정으로 재구성될 때, 누구나 문제를 솔직하게 드러낼 수 있는 토대가 마련된다. 둘째, 축적된 기록이 학습 속도를 끌어올렸다. 동일한 실수를 반복할 가능성이 줄고, 과거의 실패는 지식 자산으로 환원됐다.

중요한 점은 이 방식이 극한의 우주 개발에만 해당하지 않는다는 것이다. 조직의 회의실, 제품 개발 라인, 심지어 고객 대응 창구에서도 동일한 논리가 작동한다. 고객 불만을 단순히 덮어두거나 개인에게 귀속시키는 대신 사건의 맥락을 기록으로 남기면 재발 방지의 단서를 확보할 수 있다. 출시 버그 역시 개인의 실수로 환원하기보다 재현 절차와 핵심 측정 값을 함께 기록해 두면 원인 규명과 개선 설계가 훨씬 수월해진다. 짧은 회고가 감정적 해소에 머무르기 쉬운 반면, 계량화된 데이터와 체계적 포스트모템은 즉각적이고 실무적인 개선으로 이어진다. 제품 개발, 고객 대응, 서비스 운영 등 모든 영역에서 실패를 기록·분석하고 시스템에 반영하는 프로세스는 곧 신뢰와 속도의 토대가 된다.

그렇다면 어떻게 실천할 수 있을까? 우선 실패 보고의 형식을 표준화해야 한다. 사건 발생 시점과 상황, 수집된 데이터 항목, 세운 가설을 일관된 템플릿에 담아 기록하면 재현 가능하고 분석 가능한 자료가 된다. 동시에 블레임리스(비난 금지)의 규범을 조직 규칙으로 명문화해 문제의 초점을 개인이 아닌 시스템으로 옮겨야 한다. 포스트모템에서 도출된 교훈은 문서 창고에 쌓아두는 것으로 끝나지 않고 즉시 업무 프로세스와 체크리스트에 반영되어야 한다. 마지막으로 성공과 실패의 기록을 적절한 범위 내에서 공유해 전사적 학습 자산으로 축적되도록 하는 것이 중요하다.

결국 조직의 속도와 신뢰성은 태도의 문제에서 출발한다. 실패를 숨기려는 방어적 태도를 고수할 것인가, 아니면 실패를 학습 자산으로 삼아 기록하고 활용할 것인가. 그 선택이 조직의 학습 속도와 혁신의 지속성을 가른다. 용기는 단지 화려한 베팅을 뜻하지 않는다. 실패를 기꺼이 기록하고, 그 기록으로 다시 일어서는 태도야말로 진짜 용기이며, 그러한 태도가 쌓일 때 조직은 비로소 속도와 신뢰를 동시에 갖춘다.

당근마켓: 자율과 책임의 엔진

2015년 '판교장터'에서 출발한 당근마켓은 GPS 기반의 로컬 커뮤니티 플랫폼으로 성장했다. 중고거래에서 구인·구직, 클래스·동네 생활까지 영역을 넓히며, 누적 다운로드 3,200만, 월간 활성 사용자 수백만을 기록했다. 누적 투자액 2,270억 원, 400명 규모의 조직은 '이웃의 필요를 연결한다'는 미션 아래 움직이고 있다.

핵심은 플랫폼보다 문화였다. "나보다 뛰어난 사람만 뽑는다."는 원칙으로 인재를 모았고, 자율성과 책임을 결합한 환경을 만들었다. 직원들은 별도 지시 없이 스스로 문제를 찾고 주도적으로 일을 설계하며, 긴 논의 대신 빠른 실험과 검증을 통해 사용자 가치를 입증하는 방식에 익숙하다. 모든 의사결정은 '핸드북-퍼스트'로 문서화되어 누구나 접근 가능하도록 투명하게 공유됐고, 정보 공개는 불필요한 회의를 줄이며 의사결정의 속도와 품질을 동시에 높였다.

사람 간 신뢰와 소통을 강화하기 위한 제도들도 조직의 결속을 돕는다. 정기적인 팀장-팀원 1:1 면담과 전사적 '문화 회의'는 솔직한 피드백을 주고받는 장으로 기능하며, 매월 마지막 주 수요일에 열리는 '문화의 날'은 일상 업무를 벗어나 부서 간 장벽을 허물고 아이디어를 교차 검증하는 기회다. 이러한 반복적·제도적 상호작용은 '투명성'과 '심리적 안전'이라는 문화적 토대 위에서 실행력을 강화하는 장치로 작동한다. 메르세데스의 노블레임 학습 루프, 레드불의 과감한 실험 문화와 맞닿는 지점이다.

결국 당근마켓의 성장은 '자율-책임-투명성'이 제도화된 문화 덕분이었다. 조직문화가 추상적 가치가 아니라 매일의 규범과 프로세스로 구현될 때, 그것은 비즈니스 성과로 직결된다. 리더는 그 토양에 비전을 심고 규범을 제도화하며, 구성원은 그 위에서 자율적으로 실험하고 학습함으로써 조직의 적응력과 확장성을 키운다.

비전은 사람을 모으고, 규율은 실행을 만든다

메르세데스는 노블레임 학습으로, 레드불은 과감한 실험으로, 스페이스X는 실패 데이터화로, 당근마켓은 자율·책임·투명성으로 각각 승리를 설계했다. 다른 길을 걸었지만, 이들의 공통점은 분명하다. 조직문화는 잘 설계된 규칙이나 제도가 아니라, 일상 속 신뢰를 쌓고 의견을 교환하며 책임을 다하는 구체적인 행동 양식이다. 리더십은 그 토양에 비전을 심고 방향을 제시하는 행위다. 그 결과, 조직은 위기에도 흔들리지 않고 지속적 개선으로 진화한다. 진정한 우승 팀은 단순한 승리를 넘어, 끊임없이 진화하는 문화와 리더십 위에서 완성된다.

"실수로부터 배움을 얻는 것이
평범함과 위대함을 가르는 기준이다."

**Learning from mistakes is
what separates the great from the good.**

—애드리언 뉴이(Adrian Newey)*

* 1958~. 영국 출신의 자동차 디자이너, 엔지니어, 기술감독. 현재 레드불 레이싱 F1 팀의 최고 기술 책임자를 맡고 있다.

실패는 종말이 아닌
성장의 본질이다

시속 300km가 넘는 속도로 달리던 차량이 순식간에 파손되거나 화염에 휩싸일 수 있는 곳, F1 그랑프리 서킷은 위험을 상수로 놓고 움직여야 하는 극단적 불확실성의 무대다. 그러나 F1에서 사고는 단순한 불운이 아니라, 기술적 결함을 체크하고 설계 및 전략을 보완할 수 있는 값진 실험장이기도 하다. 사고 직후 엔지니어와 안전팀은 손상 부위의 금속 피로도, 연료 계통의 약점, 소방 시스템의 반응 속도 등을 면밀히 조사하고, 그 데이터는 즉시 다음 레이스의 리스크를 줄이는 개선안으로 이어진다.

1994년 F1 시즌은 산마리노 그랑프리에서 아이르통 세나와 롤란트 라첸베르거가 사고로 사망하는 비극적인 사고와 함께, 독일 그랑프리에서는 요스 베르스타펜이 피트에서 발생한 화재 사고에 휘말리는 등 충격적인 사건들이 연달아 발생했다. 이 사고들은 F1의 안전 규정 강화에 큰 영향을 미쳤다. 멀티 레이어 방염복·강화 헬멧·다중 보호막 연료탱크 같은 설계적 변화는 이제 표준이 되었다. 동시에 그래핀·케블라·탄소 나노튜브 같은 첨단 복합소재 연구는 경량화와 강도 확보를 동시에 추구하며 '안전의 경계'를 계속해서 확장한다. 피트스톱에서의 초고속 복구, 사고 영상과 텔레메트리에 기반한 조직적 학습, 서킷 설계의 반복적 개선—이 모든 과정은 F1을 단순한 스포츠가 아니라 실패를 데이터로 전환해 시스템을 진화시키는 '움직이는 실험실'로 만든다.

페라리는 어떻게 다시 강력한 경쟁자가 되었나

2020년은 스쿠데리아 페라리에게 뼈아픈 해였다. 'SF1000'은 개막전부터 공력 효율 부족과 파워유닛 출력 저하를 드러냈고, 창사 이래 최악의 성적표를 받아들었다. FIA의 연료 흐름 규정 강화로 인한 출력 감소와 풍동 데이터와 실제 트랙 성능 간의 불일치는 차체의 다운포스와 안정성 모두에 치명적 약점을 드러냈다.

하지만 페라리는 이 실패를 폐기할 자산이 아니라 분석할 자원으로 보았다. 마라넬로 본사와 밀턴케인즈 시험 설비에서 광범위한 풍동·다이노 테스트가 이어졌다. 시뮬레이션 수치와 실 주행 성능의 괴리가 발생한 지점을 면밀히 추적했고, 포르티망과 아부다비 테스트에서 실험한 디퓨저 패키지는 공력 베이스라인을 재설정하는 분기점이 되었다.

팀은 실패의 원인을 단층적으로 보지 않았다. 마티아 비노토의 지휘 아래 공력팀은 CFD 모델과 풍동 데이터의 상관 정확도를 95% 이상으로 끌어올리기 위해 시뮬레이션 해상도와 테스트 포인트를 확대했다. 파워유닛 팀은 연료 혼합과 점화시기를 트랙·그리드 특성별로 재구성해 신뢰성 기준을 강화했다. 서킷별 정보를 바탕으로 한 고고도·저속 트랙 테스트 추가도 일관된 퍼포먼스 확보에 결정적이었다.

이 일련의 데이터 축적과 구조적 대응은 2022년 전면적 규정 개편과 맞물려 빛을 발했다. F1-75는 SF1000의 실패 인사이트를 설계 전반에 반영한 결정체로, 차체 개념·엔진 매핑·현가 세팅까지 모든 요소가 이전 한계점을 보완하는 방향으로 재설계되었다. 그 결과 개막전 바레인에서의 1-2위, 시즌 통산 4승·20회 포디움·12회 폴포지션이라는 성적을 거두며 페라리는 다시 강력한 경쟁자로 복귀했다.

한 대의 F1 머신을 제작하는 데 투입되는 막대한 자원(약 100억 원 이상)은 실패를 단순 손실로 처리할 이유가 되지 않는다. 오히려 파손과 성능 저하에서 도출된 정밀한 데이터는 다음 세대 경쟁력의 핵심 자산이 된다. 실패를 은폐하거나 회피하는 조직에선 혁신이 멈추지만, 실패를 체계적으로 분석·축적·적용하는 조직은 지속가능한 경쟁우위를 구축할 수 있다.

비즈니스의 본질을 다시 묻다: WW 인터내셔널

WW 인터내셔널(구 WeightWatchers)은 수천만 명의 회원을 보유하며 '행동 변화 기반 체중 감량' 모델로 명성을 쌓았다. 하지만 팬데믹 이후 디지털 전환 지연과 Ozempic, Wegovy 등 GLP-1 계열 비만 치료제의 급부상으로 큰 위기를 맞았다. 2025년 5월, 약 16억 달러의 부채를 감당하지 못해 파산보호를 신청한 사건은 충격적이었다. 기존 강점이었던 커뮤니티 중심 프로그램은 '빠른 약물 기반 체중 감량'을 선호하는 시장의 요구 앞에서 경쟁력을 잃었다.

하지만 WW는 이 위기를 단지 생존의 문제로만 보지 않았다. 파산보호 절차를 통해 약 11억 5천만 달러 규모의 부채 구조를 정리하며 재무 건전성을 확보한 뒤, 핵심 사업모델을 과감히 재설계했다. 그 핵심은 '과거의 정체성(커뮤니티·행동 변화)'을 버리지 않으면서도 의료 기반의 디지털 헬스케어로

　　　　　　　2부　지속가능한 경영 리더십

진화하는 것이었다.

이를 위해 WW는 글로벌 제약사와의 전략적 제휴, 디지털 헬스케어 기업들과의 협업을 추진했다. 2023년 인수한 디지털 클리닉 '시퀀스(Sequence)'를 발판 삼아 GLP-1 처방이 가능한 'WW 클리닉'을 출범시켰고, '약물+행동 변화+공동체 지원'이라는 3단계 통합 모델을 제시했다. 약물은 즉각적 감량이라는 소비자 요구를 충족시키고, 행동 변화 프로그램은 장기적 건강관리를 뒷받침하며, 커뮤니티는 지속적인 동기부여와 사회적 지지를 제공한다.

전환은 여기서 멈추지 않았다. WW는 여성 건강, 특히 폐경기 여성의 건강관리 서비스로 영역을 확장하며 특정 고객군에 대한 차별화된 가치를 강화했다. 이는 고객의 생애주기를 고려한 포지셔닝 전략으로, 브랜드가 단기 유행에 휩쓸리지 않고 장기적 관계를 구축하려는 의지를 보여준다. 금융시장도 이러한 방향 전환을 긍정적으로 평가했고, 몰락의 문턱에 섰던 브랜드는 '의료 기반 통합 플랫폼'으로 재조명받는 국면에 들어섰다.

WW 사례가 주는 교훈은 명확하다. 실패는 종말이 아니라 '본질로 돌아갈' 기회다. WW의 재탄생은 위기를 맞아 강력한 사업 구조조정을 한 것 이상의 의미를 갖는다. WW는 부채 구조조정이라는 재무적 처방과 함께 고객 수요 분석, 기술·파트너십의 재설계, 제품·서비스 포트폴리오의 전략적 재배치를 병행했다. 특히 과거의 핵심 역량인 커뮤니티 기반 모델을 완전히 포기하지 않으면서도, 의료·디지털 클리닉 같은 새로운 역량을 유기적으로 통합한 점이 재도약을 가능하게 한 결정적 요인이었다.

실패를 숨기지 않고 공유하며, 책임을 묻기보다 해결책을 도출하는 문화가 있어야만 실패 데이터가 곧 혁신의 자산으로 전환된다. F1이 사고 데이터를 즉시 설계 보완으로 연결시키며 경쟁력을 회복했던 것처럼, 기업도 실패에서 얻은 정보를 조직 전체의 자산으로 전환해야 한다.

실패를 '성장 연료'로 만드는 리더십

F1의 70여 년 역사 동안 값비싼 머신의 파손과 고장은 곧바로 학습 자원으로 전환되었고, 그 결과는 소재 혁신·트랙 설계·운영 절차·조직문화 등 전 영역의 진화로 이어졌다. 사고 현장은 즉시 데이터 수집과 원인 규명의 장이 되었고, 센서·텔레메트리·풍동·시뮬레이션에서 얻은 인사이트는 '노 블레임(no-blame)' 문화와 투명한 공유 체계를 통해 실질적 설계 보완과 표준화로 연결되었다. F1이 보여준 핵심은 실패를 숨기거나 회피하는 태도가 아니라, 실패를 드러내고 해석해 조직

의 자산으로 만드는 '학습 메커니즘'이다.

기업 경영도 같은 길을 열어야 한다. 실패를 정밀히 기록·분석할 데이터 인프라를 마련하고, 그 결과를 제품·서비스·공급망 재설계와 파트너십 재배치에 즉시 반영해야 한다. 신속한 의사결정 권한 부여, 반복적 실험·검증을 중심으로 한 운영체계, 그리고 회복탄력성 강화를 위한 재무·운영적 안전망을 병행할 필요가 있다. 실패를 외면하지 않고 오히려 기업 본질로 되돌아가 자원을 재배치할 때 위기는 오히려 기회로 바뀐다. 학습·개선 활동을 KPI와 보상체계에 반영하면 조직 전체가 '실패를 성장의 연료'로 받아들이도록 설계할 수 있다.

결국 F1 현장이든 기업의 현장이든, 실패를 품고 앞으로 나아갈 수 있는 것은 리더십이다. 실패를 드러내고 문제를 함께 해결하도록 장려하는 심리적 안전지대 구축, 현장에 권한을 위임해 속도 있게 개선을 실행하는 의사결정 구조, 핵심 자원을 문제 해결로 신속히 재배치하는 결단력, 그리고 학습 성과를 보상하는 거버넌스 등 이 네 가지가 결합될 때 리더십은 실패를 두려움이 아닌 지속가능한 성장의 연료로 바꿀 수 있다.

사고는 끝이 아니라 다음 도약의 출발점이다. 리더가 그 출발점을 안전하게 설계할 때, 조직은 진정한 경쟁 역량을 품고 도약할 수 있다.

"우리가 지는 날이야말로

경쟁자들이 후회할 날입니다."

The days we lose are the days our competitors will regret.

─토토 볼프(Toto Wolff)*

---

* 1972~. 오스트리아 출신의 전 레이싱 드라이버. 현재 메르세데스-AMG 페트
로나스 F1 팀 수석 및 CEO로 활동 중이다. 메르세데스-벤츠를 위해 모터스포
츠 엔진을 개발하기도 했고, 윌리엄스 팀의 기술감독으로도 참여하는 등 여러
방면에서 활동했다.

13
디브리핑은
또 다른 출발 신호

F1 트랙에서는 레이스가 끝난 직후, 엔지니어와 드라이버가 모여 실패를 숨김없이 들여다본다. 단순한 되짚기가 아니다. 0.001초를 줄이기 위한 치밀한 분석과 즉시 실행 가능한 결단이 쌓여 우승으로 이어진다. 이 작은 습관은 '디브리핑'이라는 이름으로 조직 전체의 학습 자본이 된다.

시속 300km로 달리는 F1 서킷은 언제나 변수가 가득하다. 머신의 작은 결함, 드라이버의 순간적인 실수, 경기 중 충돌 같은 사건이 늘 예상치 못하게 찾아온다. 그렇기에 팀 감독에게 디브리핑은 단순한 절차가 아니라 성장의 동력이다. 그는 드라이버와 운영팀이 진심으로 참여하는 복기 과정을 철저하게 이끌며, 그날의 부족했던 점을 짚어내고 원인을 분석해 곧바로 다음 경기에 반영한다. 물론 모든 개선이 즉각적인 성과로 이어지는 것은 아니지만, 반복된 디브리핑은 결국 문제 해결을 위한 강력한 자산, 즉 데이터와 노하우로 축적된다.

조직적 학습의 필수 조건

디브리핑은 단순히 과거를 돌아보는 회의가 아니다. 지속적인 성장을 가능케 하는 핵심 자원이다. 경기 현장에는 사소한 오류에서부터 치명적인 실수까지 다양한 결핍이 숨어있다. 이를 감추지 않고 드러내 해결하는 용기야말로 성과를 높이는 최적의 기회다. 성공 뒤에 가려진 실패, 실패 속에 숨은 작은 성공의 단서를 찾아내는 일이 다음 단계 발전의 토대가 된다.

대규모 프로젝트든 작은 업무든 디브리핑을 꾸준히 실행한다면 단순한 문제 해결을 넘어 조직 전체의 성장 자산을 축적할 수 있다. 특히 F1에서는 0.001초 단위의 미세한 차이가 승패를 가른다. 레인 선택, 브레이킹 타이밍, 피트스톱의 속도 등 수많은 변수가 결과에 영향을 미치며, 기후·노면·타이어 컨디션도 매번 달라진다. 디브리핑은 이러한 변수들을 체계적으로 기록하고 분석해 동일한 실패가 반복되지 않도록 만든다. 더불어 드라이버의 체감 피드백과 머신이 수집한 방대

한 센서 데이터(온도, 마모, 하중 밸런스 등)를 통합해 대응책을
마련하는 과정은 경기력 향상에 필수적이다.

디브리핑을 조직문화의 철학 수준으로 끌어올린 것은 레
드불 레이싱 팀이다. 그들은 디브리핑을 단순 리뷰가 아닌 '학
습 조직의 작동 방식'으로 정착시켰다. 실패와 학습은 개인의
책임이 아니라 집단 지성의 자산으로 전환되었다.

2023년 시즌, 연승 행진을 이어가던 레드불은 싱가포르
그랑프리에서 뜻밖의 패배를 맛보았다. 막스 베르스타펜과
세르히오 페레즈 모두 예선에서 기대 이하의 성적을 냈고, 결
승에서도 포디엄에 오르지 못했다. 머신 밸런스 붕괴, 타이어
윈도우 실수, 전략 혼선 등 총체적 난국이 겹쳤다. 그러나 팀
은 이를 예외로 치부하지 않고, 전원 참여형 디브리핑을 열어
드라이버, 엔지니어, 전략가, 타이어 전문가, 무전 운영팀까지
함께 문제를 분석했다.

도출된 원인은 세 가지였다. 저속 코너 중심의 트랙과 맞
지 않은 에어로 세팅, 적정 온도에 도달하지 못한 타이어, 그
리고 드라이버와 전략팀 간의 무전 타이밍 오류였다. 이 결과
는 곧바로 일본 그랑프리에 반영되었고, 베르스타펜은 압도
적 우승으로 복귀하며 팀의 컨스트럭터 타이틀을 조기 확정
했다. 디브리핑이 단순한 회고가 아니라 실패를 곧바로 실행
력으로 전환하는 전략 자산임을 보여준 극적인 장면이었다.

실패를 재설계하는 성장 엔진: 에어비앤비의 경험

2008년 설립한 에어비앤비는 전 세계 220여 개국, 약 1,800만 개의 숙소 네트워크를 가진 숙박 공유 플랫폼으로 전 세계를 연결했지만, 부가 서비스였던 'Experiences'는 초기에 기대만큼 성장하지 못했다. 가격이 높았고, 개인화는 부족했으며, 정적인 이미지 중심 홍보, 무엇보다 '사용자 행동 시점'을 간과한 서비스 설계가 성장의 발목을 잡았다. 사용자들은 숙소를 예약한 직후가 아니라 여행이 임박했을 때야 체험을 찾는 경향이 있었으나, 제품 노출 시점과 메시지는 이를 반영하지 못했다. 결과적으로 수요-공급의 타이밍이 어긋났고, 콘텐츠의 현지성·진정성도 충분히 전달되지 못해 체험은 보완적 기능으로 머물렀다.

에어비앤비는 이 실패를 덮거나 특정 팀이나 인물의 문제로 돌리지 않았다. 오히려 전사적 디브리핑을 열어 데이터사이언스, 운영, 마케팅, 콘텐츠, 파트너 관리 등 모든 팀이 문제를 다각도로 분석했다. 데이터사이언스 팀은 고객 여정 분석으로 '예약 시점 대비 체험 탐색 시점'의 패턴을 규명했고, 운영팀과 마케팅은 현장 리포트와 사용자 피드백을 종합했다. 콘텐츠팀은 체험 콘텐츠의 형식과 감성 전달 방식을 재점검했고, 파트너 리스크 팀은 호스트들의 가격 정책과 가용성

      2부 지속가능한 경영 리더십

문제를 조사했다. 이처럼 다양한 관점이 동시에 투입되면서 디브리핑은 단순 원인 찾기를 넘어 '실행 가능한 인사이트'로 수렴되었다.

그 결과 핵심 인사이트가 도출되었다. 첫째, 사용자 행동 시점에 맞춘 노출 전략이 필요하다. 둘째, 마지막 순간에도 예약 가능한 신뢰도를 강조해야 한다. 셋째, 정적인 사진 대신 영상과 현지 전문가의 목소리로 경험의 진정성을 전달해야 한다. 에어비앤비는 이를 곧바로 실행에 옮겼다. UI/UX를 개편해 체험 제안을 예약 직후와 여행 직전에 집중했고, '즉시 예약 가능' 옵션을 도입했으며, 콘텐츠를 영상 중심으로 전환했다. 분석에서 실행까지 이어지는 이 속도야말로 에어비앤비가 재기에 성공한 핵심 요인이었다.

경영적 시사점은 분명하다. 첫째, 문제 관찰의 '타이밍'이 전략을 바꾼다. 둘째, 디브리핑은 전사적 참여를 통해 집단 지성이 될 때 진가를 발휘한다. 셋째, 실행 없는 분석은 공허하고, 인사이트는 즉시 실험되고 검증되어야 가치가 있다. F1 트랙에서 작은 교훈들이 우승으로 귀결되듯, 비즈니스 현장에서도 디브리핑을 문화로 정착시키면 '작은 실패 하나'가 오히려 지속가능한 성장의 기폭제가 된다.

디브리핑의 현장화: SK하이닉스의 사례

디브리핑은 반도체 공정처럼 복잡하고 비용이 큰 산업 현장에서도 그 힘을 발휘한다. 2018년, SK하이닉스는 'ECO Vision 2022'를 선언하며 친환경·지속가능 경영을 핵심 전략으로 제시했지만 실행 과정은 어려움이 많았다. 반도체 제조는 에너지 집약적이고 배출이 많으며, 공정가스 처리와 폐기물 관리가 까다롭다. 공급망에서 재생에너지를 조달하는 일 역시 쉽지 않았다. 목표와 실행 사이의 간극은 점점 커졌다.

SK하이닉스는 문제를 숨기지 않고 전사적 디브리핑을 선택했다. 각 프로젝트가 종료될 때마다 엔지니어, 환경 전문가, 운영 담당자, 협력사 담당자까지 모여 데이터와 현장의 목소리를 종합 분석하는 디브리핑 세션을 열었다. 이는 그저 경험담을 교환하는 자리가 아니었다. 에너지 사용량, 공정가스 배출 통계, 폐기물 발생 데이터 같은 과학적 근거가 중심이 되고, 현장의 목소리가 더해져 다층적으로 원인을 규명했다. 그 결과 기술적 한계(처리장치 효율), 제도적 걸림돌(재생에너지 확보 구조), 운영 관행(디젤 기반 물류 등)의 문제가 명확히 드러났다. 분석은 곧 실행으로 이어졌다. 공정가스 처리장치 교체, 에너지 효율 개선, 재생에너지 확보, 태양광 설비와 전기 화물차 도입 같은 조치가 적용되었다.

성과는 빠르게 나타났다. 폐기물 저감과 매립 제로화, 재생에너지 확대는 환경 성과이자 규제 대응력 강화로 이어졌다. 무엇보다 중요한 것은, 디브리핑이 조직의 학습 루틴으로 자리 잡고, 개선이 단발성 이벤트가 아니라 체질적 변화로 굳어졌다는 점이다.

디브리핑의 전략적 전환

F1, Airbnb, SK하이닉스의 사례가 보여주듯 디브리핑의 본질은 세 가지다. 첫째, 실패를 숨기지 않는 문화. 둘째, 전사적 참여를 통한 집단 지성. 셋째, 분석을 즉시 실행으로 연결하는 속도. 이 세 가지가 결합될 때, 디브리핑은 단순한 사후 조치가 아니라 경쟁력의 원천이 된다.

급변하는 시장과 불확실한 환경 속에서 '더 열심히'만으로는 부족하다. 순간순간의 실패를 숨김없이 복기하고, 데이터를 바탕으로 전략을 조정하며, 전사가 피드백을 공유할 때 조직은 흔들림 없이 성장할 수 있다. 디브리핑은 끝맺음이 아니라 다음을 설계하는 시작이다. 실패와 성공의 이면에서 얻은 교훈을 학습하고 실행으로 전환하는 조직만이 불확실성 시대에 지속적인 성장을 이어갈 수 있다.

"데이터와 직관 사이에 적절한 균형이 필요하다."

You need the right balance between data and gut feeling.

—토토 볼프

14 뛰어난 리더에게 찾아오는 전문가의 저주

전문가는 대체로 신뢰의 상징이다. 오랜 시간 한 분야를 깊이 파고든 경험과 방대한 지식을 바탕으로, 복잡한 문제를 정교하게 해결하는 사람들이다. 우리는 이들에게 배우고, 그들의 말에 귀를 기울이며, 때로는 중요한 판단을 맡긴다. 그러나 아이러니하게도, 바로 그런 전문가들이 중요한 순간에 오히려 치명적인 오류를 범하는 경우가 적지 않다. 이 현상을 설명하는 심리적 개념이 바로 '전문가의 저주(Curse of Knowledge)'다. 한 번 어떤 지식을 습득하면 그것을 모르는 사람의 시각으로 세상을 바라보기 어렵게 되는 인지적 편향이다. 너무 많이 아는 것이 오히려 중요한 질문을 놓치게 만들고, 단순한 해법을 외면하게 하며, 타인의 시야를 좁혀 결국 오류를 초래한다.

'전문가의 저주'는 개인 차원의 말이나 판단에 그치지 않는다. 전문가들의 지식과 관성이 집단의 의사결정 구조 전체에 스며들면, 조직은 한 방향으로 쏠리기 시작하고 이견은 쉽게 묵살된다. 모두가 이미 충분히 알고 있다고 믿기에 질문은 줄어들고 논쟁은 사라진다. 그 사이에 진짜 위험이 소리 없이 자라난다. 이처럼 '전문가의 저주'는 개인의 영역을 넘어 집단과 시스템 전반에 영향을 미치며, 복잡성이 커져 가는 현대 사회에서 더욱 빈번하게 모습을 드러낸다.

의사결정의 동조 편향, F1에서의 사례

F1은 세계에서 가장 정밀하고 기술 집약적인 스포츠라고 할 수 있다. 한 대의 레이싱 카에는 수백 개의 센서가 장착되어 수만 가지의 실시간 데이터가 쏟아지고, 전략팀은 이 데이터를 바탕으로 복잡한 시뮬레이션과 공학적 판단을 내린다. 팀에는 항공우주공학 박사, 물리학자, 수학자, 전략 분석가 등 각 분야의 전문가 중 전문가가 포진해 있다. 이들이 내리는 판단 하나하나는 경기 결과뿐 아니라 팀의 명예, 나아가 수천억 원 규모의 스폰서십까지 좌우한다. 그런데 아이러니하게도, 바로 이처럼 '완벽해 보이는 전문가 집단'이 오히려 자신들의

지식에 갇혀 잘못된 결정을 내리는 경우가 반복된다.

'전문가의 저주'가 F1에서 드러나는 양상은 크게 세 가지로 요약된다.

첫째, 데이터에 대한 과도한 신뢰다. 머신에서 쏟아지는 수백만 개의 데이터 포인트는 귀중한 자산이지만, 그 자체로 현실의 모든 복잡성을 대변하지는 못한다. 그러나 데이터를 맹신하는 순간, 드라이버가 전하는 감각적 피드백이나 예기치 못한 현장 환경의 변화를 무시하게 된다.

둘째, 기술에 대한 과신이다. 이론적으로 완벽해 보이는 설계나 실험적 접근이 등장하면, 기존의 직관이나 경험적 지혜는 오히려 배제된다.

셋째, 조직 내부의 목소리 일치 현상이다. 리더가 강력한 전문성을 가지고 있을수록 반대 의견을 내기 어려운 분위기가 조성되며, 팀은 다양한 시야를 잃고 동조 편향에 빠지게 된다.

2024년 일본 그랑프리에서 레드불은 데이터를 근거로 한 타이어 전략을 고수하다 드라이버의 감각을 무시해 우승을 놓쳤다. 당시 막스 베르스타펜은 선두권에서 안정적인 레이스를 이어가고 있었고, 기존 전략만 유지해도 우승 가능성이 충분했다. 그러나 팀은 예측보다 빠른 피트인과 하드 타이어 선택이라는 다소 파격적인 전략을 강행했다. 타이어 마모와 트랙 온도에 대한 시뮬레이션 데이터가 근거였지만, 실제 주행에서는 하드 타이어의 성능 저하가 예상보다 훨씬 심각했다. 결과적으로 베르스타펜은 레이스 흐름을 잃고 말았다. 경기 후 팀 내부에서는 "데이터 분석에만 몰입한 나머지 드라이버의 직관적 피드백을 무시했다."는 반성이 나왔다. 이는 전형적인 '전문가의 저주'로 복잡한 지식이 단순한 사실을 가려버린 사례였다.

2022년 메르세데스의 '제로 사이드포드(Zero Sidepod)' 역시 혁신적 설계라 여겼지만, 실제 경기에서는 드라이버들이 차를 통제하지 못하는 실패로 이어졌다. 그해, 메르세데스는 공기역학 효율을 극대화하기 위해 사이드포드를 거의 제거한 혁신적 설계를 도입했다. 이론상으로는 대단히 진보적이고 과학적으로도 설득력 있는 접근이었지만, 실제 주행에서는 심각한 문제가 발생했다. 차가 고속 주행 중 상하로 출렁이는 포포이징 현상이 나타났고, 차체 안정성과 조향 감각이 극도로 저하됐다. 드라이버인 해밀턴과 러셀이 "차를 신뢰할 수 없다."고 토로할 정도였다. 그러나 기술진은 원인을 정확히 규명하지 못한 채 설계 철학을 고수했고, 메르세데스는 시즌 내내 경쟁에서 밀려났다. 당시 토토 볼프 대표가 남긴 "우리는 너무 잘 알고 있었기에, 실패를 인식조차 하지 못했다."는 말은 '전문가의 저주'가 어떻게 조직 전체를 마비시키는지를 보여주는 대목이었다.

     2부 지속가능한 경영 리더십

구글 바드, 기술적 확신의 함정

구글은 2023년 바드를 공개하며 AI 경쟁에 뛰어들었으나, 첫 시연에서 사실과 다른 답변을 내놓는 치명적 오류를 범했다. 내부 전문가들은 오류가 있을 가능성이 당연하다고 여겼지만, 시장 반응은 달랐다. 공개 이후 곧장 사용자 신뢰가 무너지고, 주가도 큰 폭으로 하락했다. 내부 지식의 틀에 갇혀 외부의 단순한 시각을 간과한 결과였다.

2023년 2월, 구글이 자사의 인공지능 챗봇 '바드(Bard)'를 전격 공개했다. 오픈AI의 ChatGPT가 전 세계적 돌풍을 일으키자, 구글이 이에 대응하기 위해 서둘러 내놓은 결과였다. 구글은 바드를 '정확한 정보를 이해하고 대화형으로 전달하는 차세대 AI'라고 홍보했으나, 첫 시연에서 치명적 오류가 발생했다. 바드는 제임스 웹 우주망원경(JWST)에 대한 질문에 "JWST가 최초로 외계 행성 이미지를 촬영했다."고 답했는데, 이는 사실과 달랐다. 최초의 외계 행성 이미지는 2004년 유럽남방천문대(ESO)가 촬영한 것이었다.

더 심각한 것은, 이 잘못된 답변이 구글이 직접 공개한 홍보 이미지에서 노출되었고, 전 세계에 그대로 전파되었다는 점이다. 언론과 기술 전문가들은 즉시 문제를 지적했고, 사용자들은 'AI의 신뢰성'에 의문을 제기했다. 그 여파로 알파벳의 시가총액이 단숨에 약 1,000억 달러, 8% 가까이 증발했다.

문제의 핵심은 단순한 출력 오류가 아니었다. 구글 내부의 AI 전문가들은 바드가 기반한 언어모델 구조(PaLM)에 대해 누구보다 잘 이해하고 있었으며, 그 강점과 한계도 충분히 알고 있었다. 그래서 모든 AI 모델은 일정 수준의 오류 가능성을 지닌다는 사실을 당연한 전제로 여겼고, 시연 답변의 오류도 크게 문제 삼지 않았다. 그러나 시장은 달랐다. 대중과 언론의 눈에는, 세계적 기업 구글이 직접 공개한 시연에서 '사실과 다른 정보를 자신 있게 말하는 AI'는 무엇보다 심각한 불신의 신호로 다가왔다. 내부 전문가들이 '기술적으로는 정교하다'는 시선에 매몰된 사이, 외부가 요구하는 단순하고 본질적인 신뢰를 간과한 것이다. 구글의 기술팀은 바드의 내부 구조, 학습 데이터, 알고리즘의 복잡성에 대한 높은 이해를 바탕으로 시연 내용을 준비했지만, 그 과정에서 '대중의 시선', '비전문가의 신뢰', '언론의 반응'이라는 현실적 요소를 반영하지 못했다. 결국 기술적으로는 정교했지만, 신뢰를 주는 제품으로서는 실패한 것이다.

카카오 데이터센터 화재, 시스템 리스크

'전문가의 저주'는 우리가 모든 준비를 마쳤다고 믿는 바로 그 순간, 예기치 못한 구멍을 통해 드러난다. 2022년 10월 15일 발생한 카카오 판교 데이터센터 화재 사고가 대표적이다. 당시 화재로 인해 카카오톡은 물론 카카오페이, 카카오T, 멜론 등 수많은 주요 서비스가 동시에 중단되며 전국적 혼란이 일어났다. 단순히 메시지를 못 보내는 문제가 아니라, 결제, 인증, 택시 호출, 금융, 커머스 영역까지 마비된 '디지털 블랙아웃'이었다.

겉으로 드러난 원인은 화재였지만, 본질은 복원 체계의 부실과 전문가들의 과도한 자신감이었다. 카카오는 국내 최고의 IT 기업으로서 백업과 재해 복구 체계가 충분히 마련되어 있다고 강조해왔다. 그러나 실제로는 판교라는 단일 물리적 위치에 의존도가 지나치게 집중되어 있었고, 중요한 서비스들이 동일 지점에서 동시에 멈추는 구조적 취약성을 안고 있었다. 이용자들이 "서버가 터졌으면 백업에서 돌리면 되는 것 아니냐."고 물었지만, 카카오는 "기술적으로 준비돼 있었다."는 말만 되풀이했을 뿐, 왜 대규모 장애가 발생했는지에 대한 실질적인 해명을 내놓지 못했다.

이는 '전문가의 저주'가 어떻게 현실 리스크로 전환되는

지를 잘 보여준다. 내부 전문가들은 매뉴얼상 완벽하게 설계된 이중화 시스템을 절대적으로 신뢰했지만, 실제 예외 상황이나 리스크 테스트는 '가능성 낮은 이벤트'로 치부했다. 그러나 그 낮은 확률의 사건이 현실이 되었을 때, 누구도 즉각 대응하지 못했다. 그 결과 카카오는 단순한 기술적 장애를 넘어 브랜드 신뢰와 기업 리더십까지 흔들리는 위기를 맞았다. 창업자인 김범수 의장이 "이번 사태를 무겁게 받아들이며 다시 처음부터 시스템을 설계하겠다."고 말할 정도로, 기업 전체가 뼈아픈 반성을 해야 하는 사건이었다.

질문이 만드는 진짜 전문성

'전문가의 저주'는 지식 그 자체보다 '다 안다'는 태도에서 비롯된다. 이를 막기 위해서는 낯선 질문을 환영하고, 데이터와 감각을 균형 있게 통합하며, 이견을 허용하는 리더십이 필요하다.

레이싱 서킷에서든 기업 전략회의에서든, 우리는 더 많은 데이터와 더 정교한 분석, 더 뛰어난 경험을 가진 이들을 신뢰한다. 그러나 그 신뢰가 맹신으로 바뀌는 순간, 오히려 중요한 것을 보지 못한다. 전문가들은 자신이 알고 있는 지식과

    2부   지속가능한 경영 리더십

논리에 갇혀 가장 단순한 질문을 무시하고, 직관을 가볍게 여기며, 반대되는 목소리를 차단한다.

F1에서 수백억을 들인 시뮬레이션 전략이 단 한 번의 노면 변화로 무너지는 것처럼, 기업에서도 수개월간 준비한 기술이 단 한 번의 사용자 경험 오류로 신뢰를 잃는다. 레드불과 메르세데스의 전략 실패, 구글 바드의 시연 오류 사태, 카카오 데이터센터 화재의 파장은 모두 같은 교훈을 준다. '전문가의 저주'는 '많이 아는 것' 자체가 아니라, '다 안다고 믿는 태도'에서 비롯된다.

따라서 이 함정을 피하기 위해서는 낯선 질문을 환영하는 조직문화, 데이터와 감각의 균형 있는 통합, 그리고 이견을 허용하는 리더십이 필요하다. 결국 진짜 전문성이란 더 많이 아는 것이 아니라, 더 자주, 더 깊이, 더 겸손하게 질문하는 데 있다.

"공포가 아닌 존중으로 팀을 구성해야 한다."

You cannot build a team based on fear. You build it with respect.

— 프레데릭 바수르(Frédéric Vasseur)*

---

* 1968~. 프랑스 출신의 모터스포츠 경영자, 사업가, 엔지니어. 르노, 자우버, 알파 로메오 등을 거쳐 2023년부터 페라리 팀의 대표를 맡고 있다.

15 통제형 리더십에서 섬김의 리더십으로

F1 현장은 기상 악화, 추돌 사고, 타이어 상태 변화처럼 예측 불가능한 돌발 변수가 수시로 발생하는 무대다. 여기에 즉시 대응하기 위해서는 실시간 의사결정 능력이 필수적이다. 차체 설계, 성능 분석, 시뮬레이션, 피트스톱 운영 등 수십 개의 전문 분야가 유기적으로 결합해야 하며, 각 분야의 지식과 경험이 곧바로 전략에 반영되는 집단 지성이 요구된다. 또한 실패로 얻은 교훈을 빠르게 다음 레이스의 경쟁우위로 전환하는 학습 능력이 필수적이다.

이처럼 복잡하고 고도화된 환경에서는 일방적 지시와 통제 중심의 운영이 오히려 비효율과 리스크를 초래한다. 대신 현장 전문가를 신뢰하고 판단 권한을 위임하며 필요한 지원을 아끼지 않는 서번트 리더십이야말로 F1 조직에 적합하다. 이러한 리더십은 자율성과 책임을 동시에 끌어내어 빠른 의사결정과 지속적 학습을 가능하게 한다.

서번트 리더십이 끌어낸 윌리엄스의 부활

과거 강팀이던 윌리엄스는 2010년대 이후 하위권에 머물렀다. 1977년 창단 이래 1980~90년대 통산 9회 콘스트럭터 챔피언십과 7회 드라이버 챔피언십을 기록한 전통의 강호였지만 2010년대 중반 이후 자금 압박과 기술 개발 부진으로 하위권으로 내려갔다. 2022년에는 드라이버와 스폰서를 대거 교체했음에도 성적 반등에 실패하며 팀 사기가 크게 떨어졌다.

이런 상황에서 2023년 부임한 팀 프린시펄 제임스 보울스는 전략적 역량보다 더 중요한 해법으로 '사람을 세우는 서번트 리더십'을 선택했다. 서번트 리더십은 리더가 먼저 구성원을 돕고 뒤에서 이끄는 철학으로, 지시·통제 중심의 전통적 리더십과 달리 구성원의 성장과 복지에 집중하며 자율성과 책임을 이끌어낸다.

보울스는 엔지니어, 테크니션, 애널리스트 등 현장 전문가들에게 의사결정 권한을 폭넓게 위임했고, 수치 중심이 아닌 현장의 직관과 경험을 존중하는 문화를 만들었다. 구성원들은 '누가 시키기 전에 스스로 판단하고 실행하는' 분위기 속에서 자신의 아이디어가 전략에 반영되는 것을 체감하며 자발적으로 더 높은 성과를 추구하게 되었다.

또한 그는 실패를 '숨겨야 할 약점'이 아니라 '성장의 디딤돌'로 규정하고, 원인 분석 회의를 비난의 자리가 아닌 해법 모색의 장으로 전환했다. 이로 인해 팀원들은 틀림을 두려워하지 않고 문제를 공유하며 더 빠르게 개선점을 찾아낼 수 있었다.

장기 경쟁력 확보를 위해 매년 개인별 성장 로드맵을 도입하고 멘토링·외부 학습 기회를 제공했다. 신입에게는 맞춤형 교육과 멘토를 배정했고, 베테랑에게는 외부 컨퍼런스나 협력사 프로젝트 참여를 장려해 기술 역량과 소속감을 동시에 끌어올렸다.

조직 운영 측면에서도 예산 상한선을 효율적으로 활용할 수 있는 재무 구조와 운영 프로세스를 정비했다. 레이스 위기 대응을 위한 '급소 브리핑' 같은 의사소통 도구는 스폰서 제안·홍보 등 크로스펑셔널 영역으로 확산되며 전사적 효율성을 높였다.

그 결과 2022년 최하위(10위)에 머물던 윌리엄스는 불과 2년 만에 2024년 7위, 2025년 현재 5위로 중위권 성적으로 치고 올라왔다. 팀 인원도 700명에서 1,100명으로 늘어났다.

권한 위임, 실패 학습, 개인 성장 지원이 결합되자 구성원들은 조직 목표를 '자기 일'처럼 받아들이며 몰입했고, 이는 단기 성과 개선을 넘어 조직문화 혁신과 장기적 경쟁력 강화로 이 어졌다.

코스트코의 사람 중심 투자

1976년 샌디에이고의 '프라이스 클럽'에서 시작한 소매 혁신 캠페인을 가장 잘 이어받은 것은 역시 코스트코다. 코스트코 는 1983년 시애틀에 첫 창고형 매장을 연 이후 빠르게 성장해 왔다. 회사의 기본 미션은 회원에게 최저가로 양질의 상품과 서비스를 제공하는 것이며, 이는 대규모 구매력과 단순하고 투명한 운영을 통해 실현된다.

코스트코 조직문화의 특징은 '직원을 먼저 세우는 전략 적 투자'다. 임금, 복지, 교육에 과감히 투자해 현장 역량을 축 적하고 이직률을 낮추는 것을 단기 비용이 아닌 장기적 자산 으로 본다. 이러한 인적자본 중심 철학은 내부 승진, 멘토링, 자율성과 책임 부여, 투명한 보상 체계와 결합되어 운영 전반 에 뿌리내렸다.

성과는 수치로도 확인된다. 2025년 기준 전 세계 매장

     2부   지속가능한 경영 리더십

수는 2025년 4월 기준 904개이며, 미국과 캐나다, 일본은 물론 유럽과 아시아 주요 나라들에서 꾸준히 확장 중이다. 2025 회계연도(부분 보고 기준) 누적 36주간 순매출은 약 1,854.8억 달러로 전년 동기 대비 8.2% 증가했다. 전 세계 회원 수는 약 1.36억 명, 미국 내 멤버십 갱신률은 92% 이상으로 안정적 수익 기반을 확보했다.

또한 업계 평균보다 낮은 연간 이직률(7~8% 수준)은 교육·숙련 축적과 서비스 일관성 유지에 크게 기여했다. 이는 곧 임금과 복지 확대가 단순한 비용이 아니라 낮은 이직률과 운영 효율 개선을 통해 구조적 이익으로 환원됨을 보여준다.

코스트코는 '직원에 대한 투자'가 곧 장기적 경쟁력임을 입증했다. 높은 보상과 복지, 교육으로 직원의 생활 안정과 몰입을 확보하면 현장 판단의 질이 올라가고 고객 경험도 개선된다. 이처럼 코스트코의 서번트형 리더십은 매출 성장과 멤버십 갱신률 상승이라는 성과로 이어졌다.

세계 지존 대한민국 양궁의 '섬기는 리더십'

대한민국 양궁은 세계 스포츠 역사에서 보기 드문 일관된 성취를 보여주고 있다. 올림픽과 세계선수권에서의 압도적 성적, 세대를 거듭해 이어지는 경기력의 연속성은 단순한 '재능의 세대교체'로 설명되지 않는다. 그 이면에는 시스템과 리더십의 결합, 즉 사람을 중심에 둔 서번트 리더십이 자리하고 있다. 한국 양궁의 사례는 '우연한 성공'이 아닌, 재현 가능한 성공 구조가 어떻게 만들어지는지를 보여주는 경영 모델이다.

첫째, 코치는 지휘관이 아니라 설계자다. 한국 양궁의 코치는 명령을 내리는 상관이 아니라, 선수의 성장 경로를 설계하는 엔지니어에 가깝다. 그는 훈련 환경을 세밀히 조정하고, 기술과 심리를 정교하게 다루며, 선수 스스로 문제를 정의하고 해결하도록 유도한다. 단기적인 승리를 넘어 장기적 역량 축적을 목표로 한다는 점에서, 이는 관리자가 '통제자'에서 '역량 촉진자'로 전환된 형태다. 이 변화가 조직의 학습과 성장의 방향을 결정짓는다. 이 변화가 한국 양궁 대표팀의 경쟁력을 지속시키는 첫 번째 요인이다.

둘째, 경험은 시스템으로, 지식은 세대 간 자산으로 전환됐다. 한국 양궁의 강점은 세대가 바뀌어도 경기력이 흔들리지 않는다는 점이다. 베테랑 선수와 선배 코치가 쌓은 경험은 개인의 기억으로 사라지지 않는다. 기술과 전술뿐 아니라 경기 운영, 위기관리 같은 비가시적 지식이 체계적으로 전수된다. 공식 훈련과 현장 학습이 결합된 이 구조는 '지식의 연속성'을 제도화한 것이다. 기업으로 치면, 핵심 인재의 경험이 온보딩과 멘토링을 통해 조직 자산으로 전환되는 과정과 같다.

    2부 지속가능한 경영 리더십

셋째, 과정 중심의 문화가 만들어낸 학습 조직이다. 양궁은 F1만큼이나 작은 차이가 결과를 좌우하는 정밀한 종목이다. 선수들은 시작 자세, 호흡, 장비 점검 등 모든 과정을 표준화하고, 그 루틴을 끊임없이 개선한다. 실수는 질책의 이유가 아니라 학습의 출발점이다. 피드백은 공개적이고 구조화되어 있으며, 구성원 모두가 이를 통해 발전한다. '결과보다 과정'에 집중하는 문화는 곧 학습 속도를 높이고, 변동성에 강한 조직을 만든다. '과정을 중시하는 문화'가 곧 '성과를 재현하는 힘'이 되는 것이다.

넷째, 개인의 헌신을 뒷받침하는 제도적 시스템이 튼튼하다. 한국 양궁의 성공은 개인의 노력만으로 유지되지 않는다. 대한양궁협회, 학교, 기업팀, 지자체로 이어지는 다층적 지원 체계가 인재 발굴과 육성을 뒷받침한다. 과학적 훈련, 국제 대회 경험, 재정적 안정이 결합해 코치와 선수가 성장에 전념할 수 있는 환경을 만든다. 경영으로 비유하면, 교육·보상·승진 체계가 유기적으로 맞물려 장기 인재 투자가 가능한 구조다. 시스템이 사람을 밀어주는 순간, 조직은 단발적 성공이 아닌 구조적 경쟁력을 갖게 된다.

다섯째, 심리적 안전이 만든 조직의 일관성이 중요하다. 서번트 리더십은 신뢰 위에 구축된다. 선수는 실패를 숨기지 않고 공유하고, 코치는 질책 대신 해결책을 제시한다. 이러한 관계 속에서 심리적 안전이 형성되고, 이는 곧 집단적 학습으로 이어진다. 결과적으로 개별 선수의 일시적 성과가 아니라, 조직 전체의 일관된 성과 패턴이 만들어진다.

대한민국 양궁팀은 사람을 중심에 둔 리더십이 제도적 설계와 결합할 때, 조직이 어떻게 끊임없이 성장하고 성과를 재현할 수 있는지를 보여주는 검증된 모델이다. 기업과 공공 조직은 이 모델에서 '권위를 내려놓는 용기'와 '섬김을 시스템으로 만드는 지혜'를 배워야 한다. 한국 양궁의 사례는 결국 '승리의 기술'이 아니라 '조직의 철학'에 관한 이야기다. 사람을 중심에 두고, 그 성장을 구조화한 리더십은 어떤 분야에서도 유효하다. 서번트 리더십은 개인의 성취를 조직의 문화로 전환시키는 가장 정교한 시스템이다.

경쟁우위는 사람이다

세 사례가 말해주는 교훈은 같다. F1 현장처럼 예측 불가능한 경영환경에서는 지시와 통제가 아니라, 권한 위임과 학습 문화가 필요하다. 서번트 리더십과 인재 투자, 제도적 실행이 결합될 때 조직은 불확실성을 기회로 바꾸고 장기적 성장 궤도에 오를 수 있다.

윌리엄스의 재도약은 이를 극명하게 보여준다. 팀 프린

시펄이 '섬김의 리더십'을 내세우면서 현장 전문가에게 판단을 맡기고 실패를 학습의 자산으로 전환하는 일이 일어났다. 결과는 성적으로 증명되었다. 코스트코는 높은 임금과 교육·복지에 대한 전략적 투자로 이직률을 낮추고 서비스 일관성을 확보해 장기적 매출 성장을 기록했다. 대한민국 양궁은 오랜 세월 동안 세계무대에서 '예외적 일관성'을 보여왔다. 그 저변에는 서번트 리더십과 제도적 지원이 결합된 사람 중심의 시스템이 있다. 코치는 선수 한 명 한 명의 성장 루틴을 세심히 설계하며, 멘토링을 통해 세대 간 지식을 전수했다. 여기에 협회·학교·기업이 이끄는 다층적 파이프라인이 더해지면서, 단기적인 승리가 아닌 지속가능한 조직의 우위가 만들어졌다.

경영자는 이제 통제와 지시만으로 조직을 이끌려 해서는 안 된다. 대신 구성원을 세우고 그들이 최선의 판단을 내릴 수 있도록 제도를 설계하는 실천가가 되어야 한다. 권한을 위임하되 책임의 범위를 명확히 하고, 학습 인프라를 구축하며, 실패로부터 배우는 문화를 정착시켜야 한다. 이것이 결국 조직을 위기에서 기회로 바꾸는 가장 현실적인 전략이다. 사람 중심의 리더십과 제도적 실행이 결합될 때 조직은 불확실성을 내재적 강점으로 전환하고, 장기적 성장 궤도에 진입할 수 있다. 결국 경쟁우위는 사람을 통해 창출된다.

“리더의 역할은 다양한 팀원을 모아 그들의 관점을 듣고,
그다음엔 그들이 마음껏 일할 수 있도록 비켜주는 것입니다.”
A leader's job is to assemble a diverse team, listen to their
perspectives, and then get out of their way.
—크리스천 호너(Christian Horner)*

---

* 1973~. 영국 출신의 전 레이싱 드라이버이자 전 오라클 레드불 레이싱 팀 감독.
오라클 레드불 레이싱이 설립된 이래 20년 동안 감독으로 팀을 이끌었다. 6번의
컨스트럭터와 8번의 드라이버 월드 챔피언십에서 우승한 명장으로 유명하다.

16
속도는 트랙에서,
혁신은 리더십에서

오늘날 경영 환경은 예측 불가능하다. 기술 변화는 더 빨라지고, 소비자 기대는 높아졌으며, 시장은 단일 해법으로 대응하기 어려운 복잡성을 띠고 있다. 이런 상황에서 리더가 모든 해답을 쥐고 통제하는 방식은 오래가지 못한다. 대신 구성원 각자가 아이디어를 내고, 그것을 실험과 학습으로 연결하는 포용적 리더십이 요구된다.

포용적 리더십은 단순히 권한을 나누는 일이 아니다. 구성원이 심리적 안전감을 바탕으로 의견을 말하고, 실패를 시도와 학습의 과정으로 받아들이며, 그 경험이 곧바로 조직의 전략으로 환류되는 문화 전체를 뜻한다. 리더는 최종 답을 주는 사람이 아니라, 질문을 던지고 자원을 연결하며 방향을 함께 탐색하는 안내자에 가깝다.

실패를 실험으로 바꾼 하스 F1 팀

2016년 미국 사업가 진 하스가 창단한 하스 F1 팀은 출발부터 전통 강호들에 비해 예산과 인프라에서 불리한 위치에 있었다. 섀시는 일리노이의 머신 제작사 달라라에서 조달하고 엔진은 페라리에서 공급받았지만, 신뢰성과 개발 속도에서 뒤처져 중하위권을 맴돌았다. 그러나 팀의 문화를 근본적으로 바꾼 인물이 있었으니, 바로 팀 운영을 맡은 귄터 슈타이너였다.

슈타이너는 랠리 메카닉 출신으로 재규어, 레드불 레이싱 등 다양한 무대를 거쳤고, 복합소재 가공 회사 운영 경험까지 갖춘 실전형 인물이었다. 그는 2014년부터 하스에 합류해 조직을 전면 개편했다. 무엇보다 강조한 것은 권한 위임과 심리적 안전이었다. 슈타이너는 "모든 구성원이 목소리를 내고, 그 아이디어가 곧바로 실험으로 이어져야 한다."는 원칙을 중요시했다. 그에 따라 구성원들에게 "이 문제를 어떻게 풀 것인가?"라고 묻고 스스로 해법을 찾게 했으며, 실패를 실험의 자연스러운 결과로 받아들이는 문화를 정착시켰다.

운영에서는 짧은 검증 사이클과 빠른 피드백을 도입했다. 매주 기술·전략 회의를 열어 각 파트가 실험 결과를 공유했고, 토론을 통해 개선안을 도출했다. 새로운 서스펜션이나 공력 패키지는 1~2주 내 시뮬레이션과 실제 주행으로 검증했으며, 효과가 입증되면 로드맵에 바로 반영했다. 이러한 실험과 권한 위임의 축적은 2022년 브라질 그랑프리에서 결실을 맺었다. 불안정한 날씨 속에서 케빈 마그누센이 팀 창단 이후 첫 폴 포지션을 따낸 것이다. 언더독의 성취는 '행운'이나 '우연'이 아니었다. 포용적 리더십과 빠른 학습 사이클이 만들어낸 결과였으며, 또한 실패를 두려워하지 않고 시도할 수 있었던 팀 문화의 승리였다.

하스의 경험은 자원이 부족하더라도 권한을 실무에 이양하고, 빠른 실험과 학습 체계를 구축하면 경쟁우위를 만들 수 있다는 사실을 증명했다. 포용적 리더십은 국적·전문 분야·문화적 배경이 다른 전문가들이 모여 성과를 내야 하는 F1과 같은 복잡하고 속도감 있는 환경에서 특히 중요하다. 경주 전략을 수립하고 실시간으로 조정해야 하는 상황에서는 모든 구성원이 자유롭게 의견을 개진하고 책임 있는 의사결정에 참여할 때 비로소 다양한 아이디어가 결합해 예기치 못한 변수에도 유연하게 대응할 수 있다. 반면 일사불란한 통제 시스템에만 의존하면 이질적인 경험과 관점을 흡수하기 어렵고, 급격한 변화 앞에서 새로운 해결책을 찾기 힘들어진다. 그런 면에서 포용적 리더십은 불리한 조건 속에서도 돌파구를 마련하는 실행형 리더십이라고 할 수 있다.

전 세계를 연결한 깃랩의 실험

샌프란시스코에 본사를 둔 깃랩(GitLab)은 오픈소스 프로젝트를 기반으로 성장한 글로벌 소프트웨어 기업으로, 사무실이 없는 운영 모델을 채택해 전 세계 65개국에서 2,300명 이상의 직원을 분산 고용하고 있다. 설립 초기에는 깃 저장소와 이를 통한 소프트웨어 통합과 배포(CI/CD) 기능에서 출발했으나, 이후 소프트웨어의 개발·보안·운영(DevSecOps)의 전 영역을 아우르는 서비스형 소프트웨어(SaaS) 플랫폼으로 사업 영역을 확장하며 유니콘 기업으로 자리 잡았다.

깃랩의 가장 큰 특징은 전 세계 인력이 비동기 협업을 한다는 점이다. 이들은 실시간 대화 외에도 이메일, 메신저, 문서 등 다양한 채널을 통해 서로 연락과 업무를 주고받는 방식으로, 원격 근무 환경에서 생산성을 높이고 시간 지연을 줄이는 데 성공했다. 이를 위해 수백 페이지에 달하는 '핸드북'을 바탕으로 의사결정 원칙과 운영 절차를 투명하게 공유하고, 시간대와 지역을 넘어 누구든 업무에 기여하고 의사소통에 참여할 수 있게 했다. 그러나 급격한 성장과 글로벌 원격조직 확장은 곧 다양성과 포용성 문제를 가져왔다. 일부 팀원은 회의와 의사결정에서 소외감을 느꼈고, 문화적 차이와 시간대 격차로 발언권의 불균형이 발생했다.

이에 CEO 시드 시브랜디는 "모두(Everyone)가 진짜 모두를 의미해야만 진정한 혁신이 가능하다."는 철학을 내세워 2023년 '다양성·포용·소속감(DIB)' 위원회를 출범시키고, 관리자 전원을 대상으로 포용적 리더십 교육을 의무화했다. 다양성, 포용성, 소속감을 키우기 위해 만들어진 위원회는 전사 목표에 DIB 지표를 포함해 분기별 성과를 점검했고, 관리자 전원에게 포용적 리더십 교육을 의무화했다. 교육은 무의식적 편견 인식, 심리적 안전 조성, 포용적 의사소통 등을 다뤘다. 또 여성, 소수인종, LGBTQ+ 등 다양한 그룹의 활동을 지원하고 VP급 스폰서를 배정해 의사결정 참여를 보장했다.

그 결과 직원 설문에서 "내 의견이 의사결정에 반영된다."는 응답이 80%에서 90%로 상승했으며, 익명 회사 평가 사이트 Glassdoor에서도 깃랩 CEO는 높은 점수를 받았다. 깃랩은 2023년 경제지 《포춘(Fortune)》에서 매년 선정하는 '혁신가를 위한 최고의 직장(Best Workplaces for Innovators)'에도 선정되며 대외적으로도 인정받았다.

깃랩은 전 세계에 분산된 구성원에게 '모두의 목소리가 가치 있다'는 메시지를 지속적, 체계적으로 전달하고 있으며,

이를 통해 포용적 리더십이 단지 이상이 아니라 분산된 글로벌 조직에서 결속과 혁신 속도를 동시에 높이는 전략임을 증명했다. 포용이 곧 협업 속도와 신뢰를 높이는 자산이 된 셈이다.

루닛, 기술과 현장을 잇는 포용의 리더십

루닛은 AI를 활용해 암을 조기 발견하고 치료를 돕는 의료 소프트웨어 기업으로, 'AI로 암을 정복한다'는 미션을 내세우고 있다. 진단용 영상 판독 솔루션인 Lunit INSIGHT와 면역 분석 솔루션인 Lunit SCOPE를 통해 진단부터 치료 의사결정까지 전 과정을 아우르고 있다.

2024년 루닛은 연결 기준 매출 약 542억 원을 기록했고, 2025년 상반기에는 반기 최대 실적 약 370억 원을 달성하며 빠른 성장을 이어가고 있다. 특히 북미·유럽 등 해외 매출 비중이 높아 글로벌 확장에 성공했다.

이 성장은 기술력뿐 아니라 포용적 리더십 덕분이었다. 루닛은 '글로벌이 우리의 기준(Global is our standard)'이리고 선언하고, 학습·책임·소통을 문화의 핵심으로 삼았다. 회사의 컬처 코드와 리더십 원칙은 단순한 슬로건이 아니라 '다양한 지역·전문성의 동료들이 자율적으로 실험하고 빠르게 학습해

　　2부　지속가능한 경영 리더십

결과에 책임지는' 운영 방식으로 구체화되고 있다.

포용적 리더십은 인수·통합과 현지화 추진 과정에서 잘 드러난다. 루닛은 2024년 유방촬영(맘모그래피) 영역의 글로벌 소프트웨어 기업 볼파라(Volpara)를 인수하면서, 단순한 사업 확장이 아닌 '현지 진료 현장과의 공감'을 우선순위로 삼았다. 인수 후 루닛은 볼파라 기술·영업망과 루닛의 AI 판독 기술을 결합해 지역별(예: 유럽의 더블 리딩 환경, 북미의 단독 리딩 환경) 워크플로우를 존중하는 방식으로 제품을 현지화하고, 현지 방사선과·스크리닝 센터와 긴밀히 협업했다. 이러한 접근은 기술을 한 방향으로 밀어붙이지 않고, 각 현장의 목소리를 반영해 솔루션을 함께 설계한 '포용적 실행'의 전형이었다.

곧 구체적 성과가 드러났다. 북미와 유럽에서의 유료 전환율과 대규모 스크리닝 도입 실적이 개선되며 매출 성장으로 이어졌고(반기·연간 실적 상승), 무엇보다 현지 의료진으로부터 '우리 도구'로 받아들여질 만큼 신뢰를 쌓았다.

리더십은 이 과정에서 '결정 → 강제'가 아니라 '경청 → 조정 → 권한 이양'의 순서를 택했고, 이로 인해 인수된 조직 구성원과 현지 파트너들이 주인의식을 갖고 업무에 임할 수 있었다. 그 결과 단기적 통합 비용을 넘어 장기적 사업 확장과 현장 채택이라는 두 마리 토끼를 잡을 수 있었다. 루닛의 성장은 단순히 인공지능 기술 덕분이 아니라, 사람과 현장을 포용한 운영 방식에서 비롯된 것이었다.

루닛은 우리에게 세 가지 메시지를 남긴다. 첫째, 글로벌 제품은 현지 적응 전략과 병행되어야 한다. 둘째, 인수·통합은 기술만이 아니라 신뢰와 소속감을 재구성하는 과정이다. 셋째, 포용적 리더십은 도덕적 미덕이 아니라 매출과 채택률을 끌어올리는 전략 자산이다. 결국 기술과 사람이 결합할 때 기업은 더 오래, 더 크게 성장한다.

포용이 곧 성장의 엔진이다

하스의 기적, 깃랩의 글로벌 운영, 루닛의 현지화 사례가 전하는 메시지는 하나다. 권한을 나누면 조직은 더 빨리 배우고, 더 오래 성장한다. 포용은 단순한 도덕적 덕목이 아니라 실질적인 성과를 만드는 전략적 자산이다.

포용은 혁신의 속도뿐 아니라 질을 높인다. 다양한 관점은 문제 정의 자체를 바꾸어 더 적절한 해결책을 드러내며, 실패를 학습 자원으로 전환하는 문화는 작은 실험들의 누적을 통해 큰 돌파구를 만든다. 내부적으로는 참여도와 몰입이 높아져 인재 유지와 지식 축적으로 이어지고, 리더는 전략적 의제에 더 집중할 수 있는 여유를 얻는다.

시장 관점에서는 제품·서비스 채택을 가속한다. 현장 목소리가 반영된 설계는 실제 사용환경에 맞아떨어져 유료 전환과 확장 속도를 높인다. 리스크 관리 면에서도 포용은 편향된 의사결정과 집단사고를 줄이고 ESG·윤리 이슈를 조기에 포착해 대응하는 안전장치가 된다.

결국 포용적 리더십은 단기 성과와 장기 경쟁력의 균형을 가능하게 하는 조직 설계다. 방향을 제시하되 현장의 목소리를 플랫폼 삼아 조직 전체가 함께 해법을 만들어갈 때, 변화의 파도는 위기가 아닌 기회로 바뀐다.

3부

성장 전략의 재정의:
배움에서 혁신으로

"가끔은 정확한 순간에 내린

단 하나의 결정이 모든 것을 바꾼다."

Sometimes one decision, taken at exactly the right moment,

changes everything.

—크리스천 호너

17

킹핀을 공략하는
한 방의 핵심 전술

언더컷은 상대보다 먼저 피트스톱하여 더 새로운 타이어를 장착하고, 그 이점을 활용해 상대보다 앞서는 레이스 전략이다. 2024년 브리티시 그랑프리의 하이라이트는 변덕스러운 기상 속에서 메르세데스 팀 소속 루이스 해밀턴이 시도한 과감한 언더컷 전술과 그에 따른 극적인 역전승 장면이었다. 비가 오락가락하던 경기 중반 무렵, 해밀턴은 팀과 상의해 다른 선수들보다 먼저 피트인하는 결단을 내렸다. 한 박자 빠른 조기 피트인은 단순한 타이어 교체를 넘어 경기 흐름을 뒤집기 위한 공격적 선택이었다. 한 바퀴 먼저 들어가 신속하면서도 깔끔하게 인·아웃랩을 만들어낸 해밀턴은, 맥라렌 팀의 노리스가 한 바퀴 늦게 피트스톱 하는 사이 트랙으로 복귀하자마

자 강력한 아웃랩으로 트랙 포지션을 되찾아 선두로 복귀했
고, 결국 승리를 거머쥐었다.

중요한 것은 '먼저 피트인했다'는 사실이 아니다. 그것만
이라면 다들 선 피트를 노릴 것이다. 피트스톱에서의 민첩한
실행, 복귀 직후 속도 관리, 그리고 타이밍에 대한 정밀한 계
산까지가 유기적으로 맞물린 것이 포인트다. 기회를 포착해
적시에 자원을 투입하는 용기와 그 결단을 완수하는 실행력
그리고 그것을 받쳐주는 후속 조치가 결합할 때 비로소 전략
적 우위가 확보되는 것이다.

먼저 치고 나가는 것 이상의 전략, 언더컷

언더컷의 위력은 치밀한 준비와 실행력, 그리고 불확실성을 읽
고 그 흐름을 바꿀 수 있는 유연성에서 나온다. 같은 전술이라
도 준비 수준이 승패를 가른다. 언더컷을 성공시키려면 정확
한 랩 타이밍과 피트 인·아웃의 완벽한 실행, 그리고 피트 복귀
직후 '클린랩'을 확보할 수 있는 정확한 계산이 필수적이다.

하지만 언더컷 전략은 타이밍 선택이 중요한 만큼 본질
적으로 불확실성이 큰 확률 게임이다. 트래픽, 타이어 워밍업
실패, 세이프티카 개입 같은 외부 변수가 언더컷의 이점을 단

     3부 성장 전략의 재정의

번에 무력화할 수 있기 때문이다. 그런 만큼 언더컷만을 단독으로 사용해 역전을 노리는 것은 위험할 수 있다. 초반에 페이스로 상대를 압박해 선택지를 넓혀 두고, 필요할 때 언더컷으로 한 번에 선두권으로 치고 나갈 수 있도록 준비하는 복합적 접근이 안전하다.

언더컷 전략은 레이싱 기술을 넘어 경영 현장에 강력한 교훈을 남긴다. 타이밍의 판단은 직관만으로 이루어지지 않고, 트랙/트래픽 상황에 대한 정보 수집 능력과 피트크루/조직의 실행 속도가 결합될 때 비로소 정확해진다. 또한 피트스톱에서의 새 타이어 투입처럼 초기 자원에 투자해 단기 우위를 확보하더라도 그것이 지속가능한 성과로 이어지려면 자원의 내구성과 이를 뒷받침할 후속 지원이 설계되어야 한다. 전략 수립은 실패 가능성을 전제로 한 복구 설계를 반드시 포함해야 하며, 위기 상황에서 손실을 최소화하도록 예비 자원·대체 경로·고객 소통 계획 등의 필수 안전장치가 마련되어 있어야 한다. 마지막으로 시뮬레이션과 디브리핑을 표준화해 실전에서 얻은 교훈을 빠르게 학습하고 재현 가능한 경쟁우위로 전환하는 역량을 길러야 한다.

결국 선제적 전략 전환으로서의 언더컷은 '먼저 치고 나가는 행위' 자체보다, 언제·왜·어떻게 선제적으로 움직일지를 조직적으로 설계하고 실행할 수 있는 능력을 시험한다. 이 능력이 곧 기업의 지속가능한 경쟁력이다.

다섯 번째 핀을 노려라: 넷플릭스의 킹핀 전략

볼링에서 5번 핀(킹핀)을 정확히 겨냥해 쓰러뜨리면 뒤쪽의 핀들이 연쇄적으로 무너지며 만점, 바로 스트라이크가 된다. 이른바 '킹핀 전략'이다. 킹핀을 넘기려면 정밀한 타이밍, 기술적 준비, 실행 역량이 전제되어야 한다. 넷플릭스는 '스트리밍'이라는 핵심 지점을 먼저 공략해 시장의 구조적 변화를 촉발했다.

1997년 리드 헤이스팅스와 마크 랜돌프가 설립한 넷플릭스는 기존 비디오 대여점의 구조적 불편, 연체료, 제한된 재고, 매장 방문의 번거로움을 관찰한 뒤, DVD 우편 대여라는 혁신적 모델로 초기 시장을 만들었다. 그러나 우편 배송과 물류, DVD 자체의 손상·분실 등 실무적 제약이 해소되지 않으면서 사업 확장에는 한계가 있었다. 넷플릭스가 사업 자체를 근본적으로 전환한 것은 인터넷 인프라가 성숙해진 뒤였다.

2000년대 중반 인터넷 대역폭이 확대되며 고품질의 동영상을 전송하는 기술적 제약이 해소되자 넷플릭스 경영진은 '미래의 비디오 소비는 스트리밍'이라는 가설을 세우고, 기술 인프라 구축과 콘텐츠 라이선스 확보에 대규모 투자를 단행했다. 2007년 'Watch Now' 스트리밍 서비스의 론칭은 마치 적절한 랩에서 새 타이어를 끼워 클린에어를 확보한 언더컷 전략과 유사했다. 이 조기 전환으로 넷플릭스는 DVD 중심의 시장을 빠르게 잠식하며 경쟁 구도를 바꾸는 결정적 우위를 확보했다.

물론 선제적 전환이 매끄럽게 흘러간 것만은 아니다. 스트리밍 경쟁이 심화되는 가운데 2011년 넷플릭스는 스트리밍 서비스와 DVD 대여를 분리하는 조치를 발표했다. 하지만 분리에 따른 넷플릭스와 퀵스터(Qwikster) 이중 체계와 요금 인상에 기존 고객들이 집단적으로 반발하면서 약 80만 명의 가입자가 이탈하는 위기를 맞았다. 넷플릭스는 이 정책 실패를 슬기롭게 넘겼다. 문제가 된 계획을 즉시 철회하고 요금 정책을 재조정했으며, 고객 소통을 강화해 신뢰 회복에 나섰다. 전략적 모험의 비용을 최소화하는 '회복 설계' 교본 같은 대응이었다.

위기를 극복하는 과정에서 넷플릭스는 영화 추천 알고리즘 '시네매치(Cinematch)'의 고도화와 AWS 기반 클라우드 전환에 서둘렀고, 2013년에는 초기 넷플릭스 오리지널 시리를 대표하는 〈하우스 오브 카드〉를 제작하면서 콘텐츠 경쟁력을 획기적으로 끌어올렸다. 그 결과 2014년 전 세계적으로 스트리밍 가입자가 빠르게 증가하면서 본격적인 성장 궤도에 올랐다. 이후 넷플릭스는 광고 지원 요금제 도입, 지역별 맞춤형 콘텐츠 강화, 게임·라이브 스트리밍 실험 등으로 전략적 포트폴리오를 확장했다.

넷플릭스는 2007년 인프라 부족으로 아직 스트리밍 환경이 온전히 갖춰지지 않은 시점에 DVD 우편 대여에서 온라인 스트리밍으로 과감히 전환했다. 남들보다 한발 빨랐던 이 결단 덕분에 2009년 스트리밍 이용률이 DVD 대여를 넘어섰고, 2010년에는 가입자 2,000만 명을 돌파하며 시장 판도를 완전히 뒤바꿨다. 이후 넷플릭스는 스트리밍을 기반으로 한 콘텐츠산업의 변화와 혁신을 이끌었다. 그 과정에서 개인화 추천 알고리즘 강화, 클라우드 전환, 오리지널 콘텐츠 제작 등에 지속적으로 투자하며 단순한 사업 영역 전환을 넘어 넷플릭스만의 차별화된 경쟁력을 구축했다. "우리는 당신의 잠과 경쟁한다."는 리드 헤이스팅스 넷플릭스 CEO의 유명한 발언은 그 차별화된 경쟁력을 뽐내는 자신만만한 선언과도 같다.

넷플릭스는 '언제 치고 나갈 것인가'를 정확히 판단하고 그 결단을 과감히 실행으로 옮긴 좋은 선례다. 그들은 기회를 포착해 선제적으로 움직였고, 실패했을 때도 빠른 복기와 학습을 통해 상황을 반등시켰다. 기업이 킹핀을 명확히 식별하고 그 지점을 향해 역량을 집중할 때, 단 한 번의 전략적 판단이 판도를 바꾸는 결정적 계기가 될 수 있다.

승부처를 선점하라: CJ ENM

'콘텐츠로 판을 바꾸는 조기 전환'의 사례에서 넷플릭스와 함께 살펴보아야 할 곳이 바로 CJ ENM이다. CJ ENM은 한국을 대표하는 엔터테인먼트 기업으로, 〈비밀의 숲〉, 〈나의 아저씨〉, 〈미스터 선샤인〉, 〈사랑의 불시착〉, 〈우리들의 블루스〉, 〈선재 업고 튀어〉, 그리고 '슬기로운…' 시리즈 등 드라마와 〈환승연애〉, 〈지구오락실〉, 〈삼시세끼〉, 〈스우파〉 같은 예능 프로그램 등 국내외에서 많은 사랑과 관심을 받은 작품들이 모두 CJ ENM에서 나왔다. 가령, 2024년 연말 영국의 대중문화 매거진 〈NME〉가 선정한 2024년 최고의 K드라마 10선에는 CJ ENM의 작품이 4편 포함되었으며 특히 1-3위까지 나란히 차지해 눈길을 끌기도 했다(각각 〈눈물의 여왕〉, 〈선재 업고 튀어〉, 〈내 남편과 결혼해 줘〉였다).

CJ ENM은 내부에 드라마 제작의 축인 '스튜디오 드래곤'을 비롯해 음악·영화·라이브·플랫폼까지 수직적으로 연결된 사업 포트폴리오를 갖추고 있으며, 최근 몇 년간 이 체계를 기반으로 글로벌 확장에 나서고 있다. 무엇보다 눈에 띄는 것은 '콘텐츠 기획·제작 → IP화 → 글로벌 유통'으로 이어지는 명확한 밸류체인이다. CJ ENM이 제작한 많은 드라마와 예능은 국내를 넘어 해외 스트리밍과 비평 매체에서 높은 평가를 받으며 시장 외연을 넓혔고, 이는 단발성 흥행을 넘어 장기적 IP 수익으로 연결되는 선순환을 만들었다.

CJ ENM은 전략적 제휴와 조직 재편에도 적극적으로 나섰다. 글로벌 플랫폼과의 배급·공동제작 협약을 확대하며 유통 경로를 다변화했고, 2024년 말·2025년 초에는 콘텐츠 사업 부문을 재정비하면서 '글로벌 콘텐츠 사업' 영역을 강화하는 등 글로벌 시장 공략을 조직 구조 차원에서 분명히 했다. 또한 CJ ENM은 기술·플랫폼 역량을 전략적 자산으로 삼아 AI와 데이터 기반 제작 체제로의 전환을 시도하고 있다. 2025년을 기점으로 AI 콘텐츠·크리에이티브 역량을 공개적으로 강조하며 제작 프로세스와 글로벌 배급 전략에 기술을 접목하려는 의지를 밝혔다. 이런 움직임은 단순한 콘텐츠 확장에 머무르지 않고 '콘텐츠 생산성'과 '스케일업 능력'을 동시에 끌어올리려는 장기 설계로 읽힌다.

실행력 측면에서 CJ ENM의 강점은 '현지화와 협업'을 통한 리스크 분산이다. 자체 제작 능력으로 높은 품질의 원천 IP를 확보한 뒤, 해외 플랫폼·제작사와의 협업으로 로컬 리메이크와 공동투자 기회를 창출하는 방식은 넷플릭스가 스트리밍으로 콘텐츠 생태계를 재편한 논리와 닮았다. 다만 넷플릭스가 기술 인프라와 플랫폼 지배력을 핵심 무기로 삼았다면, CJ ENM은 'IP+현지 협업+유통 네트워크'의 조합으로 차별적 경쟁력을 구축하고 있다.

CJ ENM의 콘텐츠 강화 전략은 단순한 성공담이 아니라 승부처를 선점하는 실전 지침이다. 킹핀(핵심 자산)을 선점하려면 단순히 한 영역에만 투자하는 것으로는 부족하다. 제작 역량을 강화하고 데이터로 수요와 소비 행태를 정밀하게 분석하며, 이를 즉시 유통으로 연결할 수 있는 채널 설계를 병행했을 때 비로소 콘텐츠는 시장을 바꿀 힘을 갖는다. 선제적 투자는 초기 비용과 위험을 수반하지만, 이러한 전방위적 투자로 확보한 구조적 우위는 경쟁 구도를 근본적으로 뒤집을 수 있다. 동시에 어느 전략이든 실패 가능성을 전제로 한 회복 설계가 동반되어야 한다. 현지 파트너십으로 리스크를 분산하고, 대체 유통 채널을 확보하며, 필요시 재투자를 통해 빠르게 반등할 수 있어야 지속가능한 승리가 가능하다. CJ ENM의 행보는 바로 이 점에서 의미가 크다. 콘텐츠 기획·제작에서 IP화·유통·현지 협업에 이르는 밸류체인을 체계적으로 설계·실행하면서 선제성의 장점을 극대화했고, 실패 상황에서는 회복과 학습을 통한 재투자로 경쟁우위를 고도화해 왔다.

결국 핵심은 '먼저 치고 나가는 것' 자체가 아니라, 언제·왜·어떻게 선제적으로 움직일지를 조직적으로 설계하고 이를 정확히 실행할 수 있는 능력이며, 그 능력이 곧 기업의 중장기적 경쟁력을 결정한다.

타이밍보다 중요한 정밀한 실행력

F1의 언더컷 전략은 한 번의 정밀한 공격으로 판을 바꿀 수 있는 전략적 킹핀이다. 볼링에서 공이 포켓을 정확히 파고들어 1번 핀이 5번을 강타해야 뒤의 핀들이 효과적으로 무너지는 것처럼, 언더컷이 통하려면 정밀한 타이밍, 전략실의 날카로운 분석, 그리고 피트크루의 신속·정확한 실행이 모두 맞물려야 한다. 더 나아가 피트 복귀 직후의 '클린랩' 확보(트래픽 회피와 타이어 워밍업의 성공), 상대의 피트 전략에 대한 실시간 대응 능력, 세이프티카 등 돌발 변수에 대한 시나리오별 준비가 결합할 때 언더컷은 결정적 위력을 갖는다. 따라서 이 전략은 단순한 기술이 아니라 승부처를 명확히 식별하고 그 지점을 향해 조직 역량을 총동원하는 '정밀한 실행의 예'이며, 한 번의 정확한 공격이 전체 판도를 바꾸는 순간을 만들어낸다.

이러한 레이스의 정밀함을 기업 조직 전체의 시스템으로 확장해 사고하면 경영적 교훈은 더욱 분명해진다. 즉, 언제 선제적으로 움직일지의 판단은 용기와 속도의 문제지만, 그 결단을 지속가능한 우위로 바꾸려면 기술·인력·조직 인프라의 내구성, 기획·제작·유통·현지화로 이어지는 밸류체인의 통합, 그리고 실패를 전제한 회복 플랜(예비 자원·대체 경로·고객 소통)이 함께 설계되어야 한다. 또한 실전 교훈을 시뮬레이션·디

　　　　　　　　3부　성장 전략의 재정의

브리핑으로 표준화해 조직의 학습 루프를 가동하고, 현장 권한 위임과 엄격한 실행 표준이 균형을 이루도록 문화와 절차를 정비하는 것이 중요하다. 이 과정을 통해 단발적 기회는 반복 가능한 프로세스로 전환되고, 조직은 불확실성 속에서도 기민하게 움직이며 빠르게 복구·재투자할 수 있는 능력을 갖추게 된다. 결론적으로 경영자는 드라이버처럼 과감히 결정하되, 그 결단을 지속시키는 조직적 토대와 회복 메커니즘을 반드시 사전에 마련해야만 실질적이고 지속가능한 승리를 확보할 수 있다.

“플롭은 자연스러운 스타일이다.

나는 그걸 처음 찾아낸 사람일 뿐이다.”

I believe that the flop was a natural style and

I was just the first to find it.

—리처드 더글라스 ‘딕’ 포스버리(“Dick” Fosbury)*

---

* 1947-2023. 미국 출신의 전 육상 선수. 1968년 멕시코시티 올림픽의 육상 경기 중 높이뛰기 종목에서 배면뛰기를 처음 시도해 금메달을 획득했다. 혁신적인 방식으로 높이뛰기의 패러다임을 바꿔 이후 스포츠 외에서도 많이 인용되었다.

18 포스버리 선수는 왜 등을 뒤집었을까

모든 스포츠는 시대와 환경에 따라 규정이 바뀐다. 새로운 규칙이 도입될 때마다 경기 방식이 달라지고, 그 변화 가운데 뜻밖의 스타가 탄생한다. 1968년 멕시코시티 올림픽 남자 높이뛰기 결승에서 리처드 더글라스 '딕' 포스버리는 그 이전에 아무도 시도하지 않았던 배면자세, 이른바 '플롭(Flop)'으로 금메달을 획득하며 역사를 새로 썼다.

당시 세계육상연맹은 선수 안전을 위해 처음으로 바닥 매트 설치를 규정했다. 포스버리는 이 제도적 변화를 기회로 삼아 몸을 뒤로 젖히는 혁신적 기술을 생각해냈고 결국 실현했다. 올림픽 신기록 2.24m로 성과를 증명한 그의 플롭은 곧 보편적인 경기 방식으로 정착했다. 규정 변경을 남들과 다르

게 해석하고 과감히 실행한 상상력과 전술적 민첩성이 혁신
을 이끈 순간이었다.

5mm의 기회

규칙이 바뀌는 순간 게임의 판도가 뒤집힌다. 자동차 경주에
서도 마찬가지다. 매년 FIA 총회에서 룰북이 개정되면, 각 팀
은 사소한 빈틈까지 파고들며 자신들만의 비교우위를 찾아
낸다.

2025년 스페인 그랑프리 직전 도입된 프론트 윙 허용
변형 폭 강화가 그랬다. 고속 주행 시 날개의 과도한 휘어짐
을 막기 위한 안전 조치였지만, 전략적으로는 기회가 되었다.
15mm에서 10mm로 사소하게 넘어갈 수도 있는 수치였지만,
기회는 그 소소한 차이에 있었다.

맥라렌은 단순히 규정에 맞춘 부품을 교체하는 수준에
머물지 않았다. 윙의 구조 자체를 보강해 10mm 이하의 변형
만 허용하도록 정밀하게 재설계했다. 외관상 큰 변화는 없었
지만, 고속 주행에서의 안정성은 확실히 높아졌다. 결과는 즉
각 나타났다. 예선에서 오스카 피아스트리는 최적의 그립과
공기역학적 우위를 바탕으로 폴 포지션을 차지했고, 결승에

3부 성장 전략의 재정의

서는 랜도 노리스의 추격까지 묶어 맥라렌의 원투 피니시를 완성했다. 규정 변경이라는 '작은 틈새'를 포착한 전략적 통찰과 실행력이 만들어낸 성과였다.

더 극적인 전환은 규정의 '삭제'에서 비롯됐다. 2024년 이탈리아 그랑프리 직전 FIA가 '합법적인 추월 방해 금지' 조항(Article 38.1(f))을 삭제하자, 레이스의 역동성이 크게 달라졌다. 과거 과도한 라인 변경은 페널티 대상이었지만, 이 조항을 삭제함으로써 드라이버에게 합법적 범위 내에서의 적극적 방어가 허용됐다. 이탈리아의 몬자 서킷처럼 고속·협소한 트랙에서는 그 차이가 치명적일 수 있다. 막스 베르스타펜은 이 변화를 정확히 계산해 프런트 윙 세팅과 스티어링 반응을 조율했고, 레이스 중 과감한 라인 방어로 선두를 굳건히 지켰다. 규정의 한 줄이 사라졌을 뿐이지만, 그 파급력은 레이스 전체의 전략을 바꿨다.

결국 규칙은 도구다. 어떤 이에게는 제약이 되고, 다른 이에게는 기회가 된다. 핵심은 규칙 변화의 본질을 빨리 읽고, 상상력을 동원해 전술적으로 시험하고, 실행으로 옮기는 민첩성이다. 세상은 언제나 틈새를 제공하는데, 그 틈을 읽고 차이를 만들어내는 건 결국 눈을 반짝이며 변화를 갈망하던 이다.

규제 완화의 찰나를 노린 텔레닥

텔레닥(Teladoc Health)은 2002년 미국에서 출범해 온라인 플랫폼으로 환자와 의사를 연결하는 원격진료 전문 기업이다. 초기에는 주로 농촌 지역과 소규모 병원을 대상으로 서비스를 제공하다가 점진적으로 이용자 기반을 넓혀왔다. 그러나 2020년 3월, 당시 팬더믹을 맞아 미국 CMS(Centers for Medicare & Medicaid Services)가 원격진료 허용 범위를 농촌에서 전국으로 확대하고, 원격 상담에 대면 진료와 동일한 수가를 지급하도록 규제를 대폭 완화하면서 상황이 급변했다.

규제 장벽이 사라지자 수요는 폭발적으로 증가했고, 텔레닥은 이를 단순한 수요 확대로 끝내지 않고 곧바로 시장 지배력 확대의 기회로 연결했다. 대응은 촘촘하고 다층적이었다. 먼저 기술 인프라를 대폭 보강했다. 급증하는 화상 상담과 대용량 데이터 트래픽을 감당하기 위해 서버 용량을 수배로 확충하고 클라우드 아키텍처를 최적화했다. 동시에 HIPAA(미국 의료정보보안법)에 부합하는 개인정보 보호체계를 재검토·강화하여 데이터 암호화와 접근 통제 수준을 높였다.

운영 측면에서는 55,000명 이상의 의사를 관리할 중앙통제센터를 설치하고 면허·자격 갱신 상태를 실시간으로 모니터링하는 시스템을 구축했다. 의사 가입 절차의 서류 심사

          3부   성장 전략의 재정의

를 자동화하고, 보험사·병원과의 계약을 전담하는 팀을 편성해 전자청구(EHR 연동) 모듈을 개발함으로써 비용 정산과 청구 절차를 획기적으로 단축했다.

마케팅과 고객경험도 옴니채널 전략으로 전환했다. '언제 어디서나 전문의와 연결'이라는 명확한 메시지를 중심으로 디지털 캠페인을 전개하고, 주요 도시 보건소와 약국에 QR 코드를 배치해 사용자가 즉시 예약 페이지로 연결되도록 했다. 고객 지원은 24시간 콜센터와 AI 챗봇을 결합한 원스톱 서비스로 재편해 초기 사용법 안내부터 진료 후 만족도 조사, 후속 예약 관리까지 전 과정을 지원했다.

성과는 눈부셨다. 텔레닥은 전방위적 준비를 통해 규제 완화라는 기회를 빠르게 '시장 지배력'으로 전환시켰다. 2021년 텔레닥에 연결된 의사 수는 55,000명으로 주요 경쟁사인 암웰(Amwell)의 약 1,400명을 말 그대로 '압도'했다. 시장 점유율은 2019년 약 9.8%에서 2021년 24%로 급등했고, 2020년 원격진료 건수는 전년 대비 156% 증가했으며 매출은 107% 성장했다. 규제 완화로 열린 '틈새'를 빠르게 읽고 체계적으로 실행한 결과였다.

텔레닥은 틈새를 놓치지 않는 작은 변화에 조직의 전략·운영·기술 역량을 결집해 산업의 중심으로 도약했다. 규칙은 제약이자 도구다. 어떤 이는 규칙을 한계로 보지만, 다른 이는 그 안에서 기회를 발견해 판을 바꾼다. 텔레닥은 한계에 갇히지 않음으로써 승자가 되었다.

바다에서 찾은 기회: 한화오션

덕 포스버리가 등을 젖혀 플롭을 택한 이유는 단순했다. 경기 환경이 달라졌고, 그 변화를 놓치지 않고 읽어낸 사람이 틈새를 찾아냈을 뿐이다. 텔레닥 또한 제도적 전환을 보고 플랫폼과 운영을 다시 설계해 시장 지배력을 갖출 수 있었다. 달라진 환경을 읽어낼 줄 아는 다른 관점이야말로 경쟁의 판도를 바꾸고 주도하는 경쟁력이 된다.

최근 몇 년 해양산업에는 큰 변화가 닥쳤다. 주요국은 해상 공급망과 국가 안보를 이유로 선박·해양 인프라의 전략적 자립을 강화하고 있다. 에너지 전환과 해양자원 개발이 겹치면서 FPSO(부유식 생산·저장·하역 설비)·드릴십·LNG선·친환경 연료 선박 등 수요구조가 다양해졌다. 한화오션은 이러한 흐름을 단순히 주시하는 데 그치지 않고, 해외 인수와 현지 생산 기지 확보로 발 빠르게 대응했다. 2024년 말 필라델피아 조선소 인수는 미국 내 생산·수리 역량과 존스액트 대응 기반을 마련했다는 점에서 전략적 전환의 상징적 사건이었다.

인수와 현지화는 단기적 계약 확보로 이어졌다. 한화오

    3부 성장 전략의 재정의

션은 미국 해군 관련 선박 수리·정비 계약과 함께 상업용·특수선 프로젝트 수주를 늘리며 반복적 서비스 수익으로 사업 구조를 바꿔가고 있다. 동시에 선박의 탈탄소 규제가 강화되자 암모니아·LNG·하이브리드 추진 솔루션과 레트로핏(기존 선박 개조) 역량을 결합해 신규 건조와 리모델링 양쪽 모두에서 경쟁우위를 준비하고 있다.

아래 표는 한화오션의 최근 연도별 핵심 손익을 간추린 것이다(단위: 억 원, 연결 기준).

연도	매출(억 원)	영업이익(억 원)	당기순이익(억 원)
2022	48,602	-16,136	-17,448
2023	74,083	-1,965	1,600
2024	107,760	2,379	5,282

숫자가 말하는 이야기는 명확하다. 2022년의 손실은 단기적 위기였지만, 그 위기를 통해 사업구조를 정비하고 전략적 인수를 활용해 2023~2024년 매출과 수익성에서 가시적 회복을 이뤘다. 인수·현지화로 확보한 프로젝트가 본격적으로 매출로 연결되었고, 동시에 비용 구조와 생산 안정화가 병행된 결과다.

그러나 숫자 뒤의 본질이 더 중요하다. 규칙·정책·수요의 변화가 기회를 주었을 때, 그것을 단지 '기회'로 알아보는 것과 '장기적 경쟁우위'로 바꾸는 것은 다른 문제다. 한화오션은 인수를 통해 시장 접근성을 단시간에 확보했고, 정비·수리(MRO)와 장기 서비스 계약을 통해 반복 수익의 축을 만들었다. 동시에 친환경 추진체계와 레트로핏 역량에 대한 투자로 수요의 판이 바뀌는 지점에서 기술적·운영적 대응력을 축적하고 있다.

딕 포스버리의 플롭이나 텔레닥의 규제 대응처럼, 환경을 새롭게 해석하고 전사적으로 실행에 옮기는 능력이 결국 판을 바꾼다. 한화오션의 최근 전략은 두 사례를 산업적 스케일로 확장한 규모의 차이일 뿐 같은 맥락이다. 결국 진정한 승리는 변화를 감지하는 데서 그치지 않고, 그 감지를 여러 실행 축으로 연결해 조직의 영속적인 경쟁우위로 굳히는 쪽에 돌아간다.

전략적 기민함이 만든 경쟁우위

딕 포스버리의 플롭은 작은 제도적 변화가 어떻게 경기의 패러다임 자체를 바꿀 수 있는지를 명확하게 보여준다. 그는 매트 도입이라는 사실을 받아들이는 데서 멈추지 않고 "왜 앞이나 옆으로만 뛰어야 하나?"라고 물었고, 뒤로 젖히는 새로운

      3부 성장 전략의 재정의

동작을 과감히 실험해 표준을 재정의했다. 이 한 줄의 질문과 한 번의 실행이 곧 혁신이 되었다.

포스버리의 사례, 맥라렌의 윙 보강, 텔레닥의 규제 대응, 한화오션의 필라델피아 조선소 인수는 공통된 메시지를 전한다. 규정·환경의 미세한 변화를 먼저 감지하고, 그것을 단순한 신호가 아니라 전략적 전환의 단서로 해석해 조직 역량을 재배치한 점이다.

규정과 환경이 완전히 바뀐 뒤에 따라가는 조직은 이미 기회를 놓친 뒤다. 진짜 경쟁력은 변화의 징후가 현실화되기 전에 우위를 확보하는 데서 나온다. 산업적 스케일에서는 더 많은 축이 동시에 정렬되어야 한다. 한화오션은 인수와 현지화로 빠르게 시장에 진입했고, MRO와 장기 서비스로 안정적인 반복수익 구조를 만들며, 레트로핏과 친환경 기술 투자로 변화하는 수요를 흡수하고 있다. 변화의 속도도 빨랐지만 속도만으론 불충분하다. 거버넌스와 리스크 관리, 조직 내 역할·프로세스의 명확한 정렬이 함께할 때만 그 속도는 지속가능한 경쟁우위로 전환된다.

외부 규칙이 바뀌는 순간은 위기이자 기회다. 그 틈을 읽는 눈, 빠르게 실험해 검증하는 용기, 그리고 그 발견을 여러 실행 축으로 일관되게 묶어내는 조직적 기민함이야말로 언더독을 스타로, 추격자를 선두로 바꾸는 결정적 동력이 된다.

“빠르게 달리는 것이 중요한 게 아니다.

언제 빠르게 달려야 할지를 아는 것이 중요하다.”

It's not about going fast every lap.

It's about knowing when to go fast.

— 막스 베르스타펜(Max Verstappen)*

* 1997~. 벨기에 출신의 레이싱 드라이버. 2015년 18세의 나이로 F1 역사상 최연소 데뷔를 기록했다. 2021 시즌부터 24 시즌까지 오라클 레드불 팀 소속으로 4연속 월드 챔피언을 차지한 당대 최강의 드라이버다.

19
경주마의 질주보다
야생마의 멈춤이 필요할 때

"경주마는 달리기 위해 생각을 멈추고, 야생마는 생각하기 위해 달리기를 멈춘다."

소셜미디어의 동영상도 배속으로 빨리 확인해야 직성이 풀리는 시대에 조직과 경영에 깊은 성찰을 던지는 말이다. 우리는 언제부턴가 주어진 목표를 향해 앞만 보고 달리는 것을 성공의 조건으로 받아들였다. 그래서 많은 구성원이 경주마처럼 정해진 트랙을 따라 속도에만 매몰되고, 맡은 일을 하다가 지쳐 소진되곤 한다. 생각은 곧 속도의 적으로 치부되고, 방향과 전략보다 '더 빠르게'가 제일의 가치가 되어 버렸다.

겉으로만 보면 F1의 세계도 이와 크게 다르지 않아 보인다. 초당 수십 미터를 질주하는 머신, 0.001초를 줄이기 위한 경쟁, 피트스톱조차 몇 초 안에 끝내야 하는 긴박한 상황이 펼쳐진다. 그러나 이 극한의 레이스에서 오히려 F1 드라이버는 '속도'만을 추구하지 않는다. 그들은 속도라는 물리적 에너지의 최전선에서 동시에 '사고의 에너지'를 구동한다.

현대 F1 머신의 스티어링 휠에는 20개 이상의 버튼과 다이얼이 장착되어 있다. 드라이버는 격렬한 레이싱 도중에도 엔진 맵, 에너지 회수 시스템, 브레이크 밸런스, 타이어 온도 조절 등 여러 기능을 직접 조작해야 한다. 드라이버는 달리면서도 생각하고, 그 생각을 팀과 실시간으로 교신하며 전략적으로 조율한다. F1에서는 무조건 빠르기만 한 선수가 아니라, 트랙 위에서 '생각하는 영장(靈長)'이 되어야만 살아남을 수 있다.

생각하며 달리는 선수들

2024년 일본 그랑프리 스즈카 서킷, 경기 초반 예보에도 없던 강풍이 트랙을 휘감으며 경기 흐름을 단숨에 바꿔놓았다. 많은 드라이버가 기존 전략을 고수하고 있을 때, 레드불 레이싱 팀의 막스 베르스타펜은 바람의 방향과 타이어 마모 속도를 빠르게 분석하고, 팀 총괄감독과 실시간으로 교신했다.

　　　　　　　　3부　성장 전략의 재정의

감독은 무전기를 통해 바람에 따른 다운포스 변화와 타이어 열화 추세를 전달했고, 몇 초간의 대화 끝에 두 사람은 전략 수정을 결정했다. 베르스타펜은 기본 피트인 타이밍보다 2랩을 앞당겨 미디엄 타이어로 교체했다. 이는 단기적으로 순위를 낮추는 '속도를 줄이는 선택'이었지만, 경기 중반 이후 타이어 열 우위를 확보하게 만들었다. 눈앞의 위치보다 '후반부 랩타임 안정성'을 택한 것이다.

이 결정은 드라이버 혼자만으로는 불가능했다. 베르스타펜은 머신 안에서 감각을 분석했고, 감독은 데이터를 바탕으로 시나리오를 짰다. 드라이버와 감독이 동시에 생각하고 달리는 '동시 사고 시스템'이 만들어낸 결과였다. 그리고 그 결과는 우승으로 이어졌다. 베르스타펜은 레이스 후 "나는 달리고 있었지만, 동시에 다음 단계를 준비하고 있었다."고 말했다. 바로 이 점이 오늘날 비즈니스 리더가 고민해야 할 지점이다.

멈춤의 용기: 파타고니아

지금의 경영 환경은 불확실성과 변화가 갈수록 빨라지고 있다. 이런 상황에서 단기 성과에만 집착하는 시스템은 한계를 드러낸다. 이제는 '더 빨리'가 아니라, '어디로, 왜 가는가'를 묻는 리더십이 필요하다. 과거의 성공 공식이 더이상 통하지 않는 시대, 방향에 대한 통찰 없이 속도만 좇는 경영은 오히려 위험하다.

베르스타펜이 강풍 속에서 잠시 속도를 줄이고 팀과 대화를 나눈 것처럼, 기업도 때로는 발걸음을 멈추고 근본적인 질문을 던져야 한다. 친환경 이미지로 많은 충성고객을 확보한 파타고니아의 성공은 바로 이런 '멈춤의 결정'에서 시작했다.

2022년, 창업자 이본 쉬나드는 가족 소유였던 회사의 지분을 새로운 구조로 이전했다. 의결권 있는 주식은 '파타고니아 퍼펙츄얼 퍼포스 트러스트'로, 나머지 비의결권 주식은 환경단체 성격의 '홀드패스트 컬렉티브'로 넘겼다. 회사가 재투자하지 않는 잉여 수익은 모두 기후와 자연 보호를 위해 쓰이도록 한 것이다.

이 결정은 단순한 기부가 아니라 기업의 지배구조 자체를 바꾼 일이었다. 파타고니아는 IPO나 매각을 통한 자본 논리에 흔들릴 위험을 차단하고, '목적을 소유하는 회사'가 되었다. 이본 쉬나드는 "회사를 공개하거나 팔지 않겠다. 대신 '목적'을 소유하겠다."고 선언하며 기업 존재 이유와 재무 행위의 방향을 일치시켰다. 이로써 파타고니아는 단기 이윤을 추구하는 일반적인 회사에서 장기적 생태보전과 사명을 지향하는 조직으로 거듭났다.

　　　　　　3부　성장 전략의 재정의

실무적 측면에서 파타고니아의 구조 개혁은 몇 가지 중요한 시사점을 던진다.

첫째, 거버넌스를 통해 목적을 제도화하면 시장의 압력으로부터 비교적 자유로워질 수 있다.

둘째, 잉여현금 흐름의 사용처를 미리 규정하면 기업은 전략적 선택에서 '어디로·왜' 가는지를 분명히 할 수 있다.

셋째, 이러한 전환은 리더와 조직이 감내해야 할 단기적 불편(재원 배분의 제약, 성장 전략의 수정 등)을 동반하지만, 장기적 신뢰·브랜드·목적 일치라는 '전략적 자산'을 확보할 수 있다. 파타고니아는 이 결정으로 연간 수천만 달러에서 수억 달러에 이르는 기부 여력을 확보해 환경운동에 기여하겠다는 목표를 분명히 했다.

물론 '멈춤'과 '목적화'가 모든 문제를 해결하지는 못한다. 사실상 파타고니아는 '불편'을 선택했다. 재원 배분에 제약이 생기고 성장 전략에도 수정이 필요하다. 그러나 장기적으로 브랜드 신뢰와 조직의 목적 일치라는 전략적 자산을 확보할 수 있었다.

파타고니아는 과거에도 'Don't Buy This Jacket' 같은 역발상 캠페인, 'Worn Wear' 같은 수선·중고 프로그램 운영 등으로 수요 절제와 제품수명 연장을 장려했지만, 대규모 생산·유통의 현실 속에서 기업이 추구하는 이상을 온전히 구현하기는 쉽지 않았다.

운영상의 도전 과제는 여전히 남아있다. 공급망의 윤리성, 제품의 지속가능성, 소비자 기대와의 균형 등은 계속해서 해결해야 할 과제다. 그러나 중요한 점은 조직이 '멈춰서 생각하는 제도적 장치'를 마련했다는 것이다. 파타고니아는 불확실성과 속도의 압박 속에서 달리기만 하는 것이 능사가 아님을 보여준다.

팬덤을 자산으로: 하이브

하이브는 대한민국을 대표하는 엔터테인먼트 기업으로, 단순한 음반사나 매니지먼트가 아니라 팬덤 기반의 플랫폼·IP 비즈니스로 확장해왔다. BTS가 만든 세계관과 팬 경험을 위버스, BT21 같은 플랫폼·상품·콘텐츠와 결합해 '콘텐츠-커머스-테크'로 연결되는 생태계를 구축했다. 전통적 음악 산업을 넘어서는 장기 성장 기반을 만든 것이다.

하이브의 전환은 단순한 사업 다각화가 아니라 '어디로 달릴 것인가'를 묻는 전략적 재설계였다. BTS의 글로벌 성공이 출발점이었지만, 음악과 공연만으로는 지속가능하지 않다고 판단했다. 그래서 아티스트, 팬, 콘텐츠, 커머스를 하나의 유기적 생태계로 연결했다. 핵심은 팬덤을 단순 소비자가 아니라 참여자이자 데이터 자원으로 재정의한 점이다.

위버스는 공지와 굿즈 유통을 넘어서 팬이 직접 창작과 소통을 하는 공간이다. 팬의 댓글과 팬아트, 교류는 콘텐츠 기획과 상품화로 이어지고, 다시 맞춤형 상품과 서비스로 환원된다. 플랫폼은 이렇게 '지속적으로 재생산되는 팬 경제'를 가능하게 했다.

또한 IP의 상품화와 글로벌 파트너십도 중요한 축이다. BT21 같은 캐릭터는 음원과 투어에 의존하던 수익 구조를 다층화했고, 라인프렌즈와의 협업은 브랜드 생태계 확장의 모범이 되었다. 여기에 웹툰·웹소설·모바일 게임 같은 디지털 서비스가 결합하면서 팬은 소비자이자 창작자가 되어 IP의 수명을 연장시켰다.

기술 실험도 빼놓을 수 없다. AI 보컬·음성 합성 같은 디지털 기술은 새로운 소비자 경험을 만들고, 메타버스와 게임, 라이선싱으로 이어지며 물리적 제약을 넘는 또 다른 수익 채널을 열었다.

F1 팀들이 시즌 전체 전략과 팬 경험을 설계하듯, 하이브도 단기 성과보다 지속가능한 생태계를 설계했다. 위버스는 팬 데이터를 자산화했고, BT21은 머천다이즈 확장을 보여주며, AI 실험은 시뮬레이션과 리스크 완화와 맞닿아 있다. 결국 하이브는 '속도보다 방향이 중요하다'는 교훈을 남겼다. 조직은 때로 트랙 위에서 전력을 다해 달려야 하지만, 지속가능한

생존과 성장은 달리기를 멈추고 다음 방향을 설계할 때 비로소 가능해진다.

속도의 방향

지속가능한 성장은 공식을 반복하는 데서 나오지 않는다. 늘 다음 단계의 질문을 던지고, 성과를 다음 목적지를 향한 자원으로 삼는 데서 비롯된다. 속도만 좇는 경주마형 조직은 위기에 취약하지만, 방향을 바꿀 줄 아는 야생마형 조직은 변화 속에서 기회를 찾는다.

F1에서도 단순히 빠른 랩타임만 추구하던 팀은 규정 변화에 흔들린 데 비해, 빠르게 전략과 설계를 바꾼 팀은 나머지 시즌을 좋은 성적으로 마무리할 수 있었다. 지금의 성과는 끝이 아니라 새로운 질문의 시작이다.

따라서 경영자는 현재의 성과에 머무르지 말고 '어디로 갈 것인가'를 끊임없이 숙고해야 한다. 조직은 사고의 유연성과 장기적 탐색을 병행할 메커니즘, 실패를 학습으로 바꾸는 문화, 방향을 점검하는 리더십을 마련해야 한다. 스포티파이의 스쿼드 모델처럼 작은 단위의 실험과 빠른 학습을 설계하거나, F1 피트크루가 수십 차례 모의 훈련으로 피트스톱을 반

     3부 성장 전략의 재정의

복하듯 조직 차원의 반복 학습 구조를 만들어야 한다.

멈춤은 후퇴가 아니라 더 멀리 가기 위한 준비다. 속도는 필요하지만, 그보다 더 중요한 것은 속도의 방향이다. 지속가능한 성장은 달리기를 멈추고 생각할 줄 아는 '멈춤의 용기'에서 시작한다.

"국제기구로서 우리는 (...) 지속가능성·환경·오염에 관한 논의에

주도적으로 나설 때다."
The International Federation (...) We also need to talk about
sustainability, the environment and pollution.
─장 토드

20
F1에서 배우는
지속가능한 질주

지금 전 세계 기업들은 'ESG'라는 공통의 키워드로 재편되고 있다. 환경(Environmental), 사회(Social), 지배구조(Governance) 등에서 기업의 사회적·시대적 책임을 대표하는 이 경영 방식은 개별 기업의 선택지가 아니라 경영과 비즈니스 현장에 적용해야 할 거스를 수 없는 흐름이다. 유럽연합은 2024년부터 기업지속가능성보고지침(Corporate Sustainability Reporting Directive; CSRD)을 의무화했고, 미국을 비롯해 아시아 주요국들도 ESG 공시를 강화하는 추세다. 이제 투자자와 소비자는 기업들에게 단기 실적이 아닌 '가치 경영'을 요구하고 있다.

ESG 흐름은 제조업과 금융업 등에만 국한되지 않는다.

대규모 인력과 물류가 움직이는 스포츠 산업 역시 새로운 시험대에 올랐다. 팬 이동, 경기장 운영, 용품 생산까지 스포츠 생태계 역시 환경에 영향을 미치기 때문이다. 주요 스포츠 종목들은 탄소중립 경기장, 다양성 리더십, 윤리적 운영 등으로 대응하고 있다. 그중에서도 F1은 가장 극적인 변화를 보여주고 있다.

F1 생존 코드에 장착된 '친환경'

F1은 언뜻 가장 비환경적인 스포츠처럼 보인다. 초고성능 차량이 연간 수십 회 국경을 넘나들며 속도를 겨루는 모습은 확실히 ESG와는 거리가 멀어 보이기 쉽다. 하지만 지난 20여 년간 F1은 '고성능'과 '친환경'을 동시에 추구하는 기술 혁신의 실험장으로 진화해왔다.

대표적 사례가 다운사이징 엔진 기술이다. 1,600cc 하이브리드 터보 파워유닛으로 시속 340km 이상의 속도를 내면서도 배기량을 대폭 줄였다. 이 기술은 F1을 넘어 상용차 시장의 친환경 전환을 이끄는 선도 모델이 되었다. 더 나아가 F1은 '2030년 탄소중립'을 선언하며 경기 차량뿐 아니라 물류, 항공, 숙박, 이벤트 운영 등 전 과정의 탄소 배출을 측정하

　　　　　　　　　　3부　성장 전략의 재정의

고 감축 목표를 세웠다. 경기장에 재생에너지를 도입하고, 생분해성 피트 장비를 사용하며, 순환경제 원칙을 시스템에 적용하는 등 레이싱을 '지속가능성의 실험실'로 바꾸고 있다.

그중 메르세데스-AMG 페트로나스 팀은 ESG를 조직 전략 차원에서 실행하는 대표 주자다. 환경 측면에서는 하이브리드 파워유닛 개발로 다운사이징과 성능 극대화를 동시에 달성했고, 2021년부터 팀 운영 전력을 재생에너지로 전환했다. 차량 운송과 물류에는 탄소상쇄 프로그램을 적용해 한 시즌 배출량을 100% 상쇄하기도 했다. 카본 파이버 등 복합소재의 재활용률을 높이고, 궁극적으로는 순환형 자재 사용을 목표로 내건 점도 눈여겨볼 요소다.

사회적 책임 측면에서는 'Accelerate 25' 같은 프로그램으로 여성과 유색인종, 비전형 배경 인재의 진입을 활성화하고, 청소년 대상 STEM 교육으로 엔지니어 인재 풀을 확대하고 있다. 지배구조에서도 ESG를 핵심 KPI로 설정해 의사결정과 연계하고, 연례 보고서와 스폰서십, 파트너 선정에 ESG 지표를 반영한다.

메르세데스의 ESG 운영은 팀을 비롯해 F1의 외연을 넓히고, 더 매력적인 스포츠로 자리매김하는 데 영향을 미쳤다. 사회적 책임을 중시하는 드라이버와의 협업은 브랜드 가치를 높이고 젊은 팬층을 유입시켰으며, 장기 파트너십과 투자 유치에도 긍정적 신호를 보냈다. '속도와 지속가능성은 양립할 수 없다'는 통념을 깬 것이다. 빠르게 달리는 스포츠도 느리게 성찰할 수 있고, 고성능 기술이 지구를 위한 방향으로 설계될 수 있다는 확실한 사례가 아닐까.

이제 ESG는 구호처럼 따라붙는 경기 외적 장식이 아니라, 승리와 지속가능성을 동시에 추구하는 핵심 전략이 되었다.

하위 리그의 진정한 반란: 포레스트 그린 로버스

잉글랜드 축구 4부 리그팀인 포레스트 그린 로버스는 규모로는 결코 대형 클럽이 아니다. 하지만 뛰어난 생각과 그를 실천하는 영감 가득한 혁신은 규모와 아무 상관이 없다. 포레스트 그린 로버스는 리더의 비전과 조직의 실천이 만났을 때 스포츠가 사회적·환경적 전환의 촉매가 될 수 있음을 보여준다.

2010년 친환경 에너지 기업 에코트리시티의 창업자 데일 빈스가 구단 운영에 나서면서 구단의 '그린 전환'이 시작되었다. 환경 측면에서 이들의 실천은 구체적이다. 경기장 잔디는 화학비료 없이 유기농 방식으로 관리하고, 전력도 100% 재생에너지로 충당한다. 전기차 충전소, 전기 잔디깎이, 빗물 재활용 등 운영 전반에 탄소저감 조치를 도입하고 그 결과를 수치로 측정해 공개하고 있다.

경기장이 주(住)에 해당한다면 의(衣)와 식(食) 영역에서도 일관된 메시지를 보내고 있다. 경기 당일 선수들과 스탭들에게 제공되는 모든 음식은 완전 채식(vegan)으로 운영되어 '세계 최초의 비건 축구팀'이라는 기록을 공인받았다. 유니폼은 커피 찌꺼기와 재활용 플라스틱을 활용한 친환경 소재로 제작한다. 단순한 퍼포먼스가 아니라 제품·공급망 차원의 변화를 촉발하는 실험이다.

구단이 지향하는 비전은 더 크다. '에코 파크'로 명명된 새로운 친환경 경기장 계획은 목재 중심 설계, 재생에너지 자급, 생물다양성 복원 등을 핵심 원칙으로 삼았다. 완공 시 세계에서 가장 탄소발자국이 작은 축구장 중 하나가 될 것을 목표로 하고 있으며, 지역 개발과 녹지 연결을 동시에 고려한 마스터플랜을 제시하고 있다.

사회적 측면에서도 주목할 만하다. 구단은 지역 학교와 커뮤니티를 대상으로 지속가능성 교육과 워크숍을 정기적으로 운영하고, 팬과 주민이 참여하는 나무 심기·채식 교육 등으로 '지역의 지속가능성 플랫폼' 역할을 한다. 별도로 '지속가능성 보고서'를 발간하고, 팀의 장기적 운영에 필요한 의사결정 과정에 팬과 지역사회의 의견을 반영하는 투명한 거버넌스 구조도 갖췄다.

포레스트 그린 로버스의 행보는 단순한 '친환경 마케팅'이 아니다. 일상적 운영의 선택 하나하나가 팬과 지역사회, 공급망에 파급되어 행동 변화를 촉발한다는 점, 그리고 그 변화를 통해 지속가능성의 경제적·사회적 타당성을 현실화한다는 것이 이 실험의 핵심이다. 스포츠는 더 이상 관람만 하고 즐기는 대상이 아니라, 지속가능한 삶의 방식을 설계하고 확산시키는 현장이 될 수 있다. 포레스트 그린 로버스가 그 가능성을 증명하고 있다.

그린 베이스볼: SSG 랜더스

SSG 랜더스는 팀의 리브랜딩을 진행하는 과정에서 한국 프로스포츠의 운영 패러다임을 바꾸는 시도로 주목받는다. 2021년 신세계그룹이 SK 와이번스를 인수하며 출범한 구단은 '야구를 통해 사회적 가치를 구현한다'는 분명한 비전을 내세웠다. 그 비전은 구호에 그치지 않고 실행으로 이어지고 있다.

먼저 환경 측면에서 SSG는 구장 운영에 친환경화를 우선과제로 도입했다. 홈 경기장에는 국내 프로야구 구장 최초로 태양광 발전 설비를 도입해 일부 전력을 자체 생산하고, 플라스틱 컵 대신 다회용 컵을 도입하는 등 자원 사용과 폐기물 관리를 체계화했다. 분리배출 시스템을 고도화하고, 선수단 이동 시 탄소 배출을 줄이는 교통수단을 활용하며, 홍보물과

용품 제작에도 재활용 소재를 확대 적용하는 등 작은 실천들을 통해 '일상에서의 친환경'이라는 가치를 적극적으로 구현하고 있다.

사회 분야에서는 지역사회와의 연계가 돋보인다. 연고지 인천의 커뮤니티와 협력하여 지역 아동센터 대상 야구 교육, 사회적 약자를 위한 홈경기 초청, 유소년 야구팀 지원 등을 꾸준히 운영해왔다. 특히 여성과 청년층을 겨냥한 맞춤형 콘텐츠와 경기장 공간 설계는 팬 경험을 보다 포용적으로 확장시킨 사례로 평가된다. 이러한 활동은 팀 이미지 제고라는 홍보 차원을 넘어 지역사회의 건강한 스포츠 생태계 형성에 기여한다는 점에서 의미가 크다.

지배구조 측면에서도 SSG는 프로구단으로서는 이례적으로 별도의 ESG 위원회를 구성하고, 활동 실적과 계획을 그룹의 ESG 프레임워크와 연계해 공표한다. 이러한 투명한 보고와 의사결정 구조는 지속가능성을 내재화하는 핵심 장치다. 구단의 전략과 실행이 팬, 파트너, 지역사회와 긴밀히 연결되도록 설계한 점은 기업형 구단 운영의 새로운 모델을 제시한다.

결국 SSG 랜더스는 '성적도 중요하지만 가치도 중요하다'는 메시지를 행동으로 증명했다. 경기장이 단순한 경기 공간을 넘어 지역사회와 미래세대를 위한 지속가능성 플랫폼으로 자리매김할 때, 스포츠는 엔터테인먼트를 넘어 사회적 변화를 이끄는 힘이 된다.

어떤 방향으로, 어떻게 오래 갈 수 있을까

F1은 속도만 추앙해온 구시대적 취향처럼 보이기 십상이지만, 최근의 여러 시도를 보면 F1 역시 시대의 흐름에 발맞춰 정교하고 구조화된 ESG 모델을 구현해온 '혁신 생태계'로 기능해왔다. ESG 경영에서 핵심은 어떤 방향으로, 누구와 함께, 어떻게 오래 가느냐다. ESG는 더 이상 미담이나 마케팅 구호, 형식적 보고서의 영역이 아니다. 기업의 생존과 성장 전략 그 자체다. 지속가능성은 도덕적 구호로 머물러선 안 되고, 기술과 시스템 설계 속에 구조적으로 스며들어야 한다. 메르세데스가 하이브리드 엔진을 경쟁력의 중심에 놓았듯, 친환경 전환은 별도의 과제가 아니라 핵심 비즈니스 전략으로 재편되어야 한다.

또한 F1이 보여주듯 진정한 혁신은 '경쟁'과 '협업'의 결합에서 나온다. 각 주체가 역량을 갈고닦아 경쟁하면서도 공동의 규범과 플랫폼 위에서 협력할 때 산업 전체의 지속가능성이 확장된다. 무엇보다 단기 실적에 매몰된 속도 경영을 벗어나, 조직의 존재 이유와 연결된 장기적 미션을 세워야 한다.

　　　　　　　　　3부　성장 전략의 재정의

그 미션은 위기 속에서 방향을 지시하고 조직을 지탱하는 나침반이 된다.

　　결국 기업은 F1의 드라이버처럼 속도와 가치를 동시에 조율하는 정교한 운영자가 되어야 한다. 속도보다 방향, 결과보다 태도, 순간의 성과보다 지속가능한 리듬이 더 중요한 시대다. ESG는 그 리듬을 만들어내는 가장 강력한 엔진이다.

"에너지 절감과 책임 있는 모터스포츠·모빌리티가

FIA의 지속가능성 목표의 핵심이다."

Energy saving and responsible motor sport and

mobility are central to the sustainability aims of the FIA.

—앤드류 위틀리(Andrew Wheatley)*

---

* 영국 출신의 스포츠 기관 행정가. 모터스포츠 관련 단체/기관 등에서 30년 가까이 활동했다. 2019년 FIA에 합류, WRC 카테고리 매니저를 거쳐 2022년 랠리 디렉터로 임명되었으며, 2024년 말까지 FIA에서 활동했다. 2025년 10월, 현대의 'WRC 스포팅 디렉터' 직책을 맡았다.

21
속도의 신화를 대신한 자리, 에코랠리

자동차 경주는 누가 더 빨리 결승점에 도달하느냐로 승부를 가린다. 속도와 스릴, 기술의 정점이 부딪히는 것이 자동차 경주의 전형이다. 그러나 이런 통념을 완전히 뒤집는 다른 철학의 경주가 있다. 바로 '에코랠리(Eco Rally)'다. 에코랠리는 속도를 겨루지 않는다. 대신 정해진 도로 위에서 얼마나 효율적으로, 얼마나 적은 연료로 목적지에 도달하느냐로 순위를 매긴다. 여기서는 더 빠르게 달리는 것이 아니라, 더 적게 소비하며 목표를 완수하는 방식이 중요하다.

에코랠리 대회는 단순한 레이스를 넘어 환경을 생각하는 모빌리티 문화의 실천이다. 럭셔리나 속도의 과시에 초점을 맞춘 전통적 모터스포츠에 비해, 에코랠리는 친환경 캠페인이자 새로운 체험을 제안하는 문화운동에 가깝다. 참가자들은 일반 도로에서 제한된 속도와 시간 안에 주어진 거리를 주행하고, 연비 효율을 기준으로 경쟁한다. 여느 대회처럼 순위를 정하기는 하지만 승패보다는 참여와 실천에 가치를 두며, 가족 단위로 관광지를 둘러보며 여행하듯 즐기는 점이 이 대회의 또 다른 매력이다.

속도를 넘어선 효율과 책임의 가치

2007년 3월 모나코에서 프린스 앨버트 2세 주도로 출발한 에코랠리 대회는 FIA의 대체 에너지 차량 컵(Alternative Energies Cup)의 개막전으로 기획되어, 수소·전기 등 친환경 동력원의 실제 주행 검증과 대중 홍보를 목표로 삼았다. 이후 명칭은 'E-Rally Regularity Cup'을 거쳐 현재 'FIA ecoRally Cup'으로 자리 잡았고, 도로용 생산 전기차 및 수소 연료전지 차량을 대상으로 에너지 효율과 정밀 주행 능력을 겨루는 국제 시리즈가 되었다. 2024 시즌에는 한국의 기아모터스가 제조사 부문 챔피언을, 언론인이자 랠리 드라이버인 체코의 미하알 즈다르스키(Michal Žďárský)가 개인 부문 정상에 올랐다.

대회는 속도를 겨루지 않고 정해진 구간을 정해진 시간

    3부 성장 전략의 재정의

과 속도로 정확히 주행하면서 에너지 소비를 최소화하는 '레귤러리티(Regularity)' 방식으로 운영한다. 앞으로 아시아·남미 등으로 무대를 확대하고 수소·바이오연료 차량의 참여를 늘리는 한편, 디지털 텔레메트리를 통한 실시간 에너지 모니터링 도입으로 에너지 관리 전략을 핵심 평가 지표로 삼을 전망이다. 이처럼 에코랠리는 제조사들의 친환경 기술 홍보 창구이자 모터스포츠 지속가능성의 플랫폼으로 위상을 높여가고 있다.

국내에서는 '제주 전기차 에코밸리 대회'가 처음 시작이었다. 2014년 9월 27일 제주 해안도로 220km를 순수 전기차로 완주하며 충전 횟수와 배터리 잔량으로 순위를 겨뤘다. 2017년부터 전기차 주간 행사와 연계한 축제로 자리 잡았고, 2018년에는 전라남도 GT 자동차 경주 축제의 '에코 EV 챌린지'로 무대를 남해안으로 넓혔다. 2019년 인제에서는 400km가 넘는 코스에 13개국 220명의 드라이버가 참가해 다양한 동력원 차량으로 실제 주행 연비 경쟁을 펼쳤으며, 2022년에는 CJ대한통운 슈퍼레이스 챔피언십의 특별 이벤트로 인제스피디움에서 개최되었다. 이 대회는 2025년 강원국제모터페스타 슈퍼레이스 챔피언십과 통합되며 전국 단위 대회로 확장되었다. 지자체·방송사·제조사가 공동 주최·후원하며 전기차 보급 확대와 친환경 모터스포츠 활성화를 목표로 운영하고 있다.

에코랠리는 우리에게 새로운 관점을 제시한다. 제주 대회에서 쉐보레 볼트EV가 1회 충전으로 300km 이상을 주행한 사례는 차량 사양뿐 아니라 운전자의 속도 조절과 회생제동 활용 등 '운전 습관'이 성능을 좌우함을 보여준다. 또한 다양한 연료 차량이 함께 참가한 인제 대회는 친환경 기술의 진정한 경쟁력은 실제 주행 환경에서 검증될 때 드러난다는 사실을 확인시켰다. F1이 속도로 기술과 경쟁력을 증명하는 무대라면, 에코랠리는 효율과 지속가능성을 통해 성과를 재정의한다.

어떤 '우승 기준(성과 지표)'을 세우느냐에 따라 전략과 결과가 완전히 달라진다. 가령 자동차 제조 기업에 이를 적용한다면 어떻게 될까? 기존의 관행대로 성장 속도와 시장점유율을 우선할지, 혹은 탄소 저감과 고객 유지, 지속가능한 수익 구조 창출을 핵심으로 삼을지 치열한 고민이 필요할 것이다. 중요한 것은 시대와 환경의 변화에 맞도록 성공 기준을 다시 정의할 수 있는 통찰력이다. 이는 기후위기 시대를 맞아, 아니 ESG가 다음 세대가 아니라 바로 현 인류를 위해 중요한 도전 과제가 된 시점에서 기업을 비롯해 여러 조직이 맞닥뜨린 중요한 질문이다. 우리는 과연 성공 기준을 다시 정의할 통찰력을 가지고 있는가!

애플은 단순한 제품 혁신을 넘어 기업 운영 전반을 친환경 경쟁력으로 전환하는 전략을 적극 추진하고 있다. 이미 본사·데이터센터·소매점을 포함한 자사 운영시설에서 100% 재생에너지 사용 목표를 달성했고, 이제는 제품과 공급망 전반을 포함하는 '2030년 전(全) 가치사슬 탄소 중립(Apple 2030)' 목표를 내세워 한 걸음 더 나아가고 있다. 이를 위해 애플은 공급업체의 재생에너지 전환을 지원하고, 제품 설계 단계에서부터 탄소 배출을 줄이는 저탄소 설계를 도입하며, 잔여 배출량을 상쇄하기 위한 탄소 제거에 투자하는 등 다각적인 실행을 병행하고 있다. 특히 제조 파트너들과 맺은 재생에너지 전환 약정과 공급망 프로그램은 이러한 전략의 핵심축이다.

애플의 시도는 이미 성과로 드러나고 있다. 온실가스 배출량은 지속적으로 감소해왔고, 최근 보고서에서는 2015년 대비 전반적 배출량이 크게 줄어든 사실이 공개되었다. 제품 측면에서도 자원 순환을 위한 설계와 기술 투자가 활발하다. 대표적 사례인 iPhone 분해 로봇 '데이지(Daisy)'는 사용 후 전자제품에서 코발트·알루미늄·희토류와 같은 핵심 자원을 회수해 재활용 고리를 만드는 장치로 소개되었으며, 배터리 원료의 재활용 전환 목표 등도 공개되어 소재 순환 체계 강화에 힘을 싣고 있다.

정책과 투자의 규모 역시 작지 않다. 애플과 협력 공급사들이 추진하는 재생에너지 프로젝트는 기가와트(GW) 단위에 이르며, 청정에너지와 물 관리 분야에 대한 대규모 투자도 병행하고 있다. 기업 이미지 제고를 위한 일회성 캠페인이 아니라 실제 에너지·자원 흐름을 바꾸려는 구조적 실행이라는 점에서 의미가 크다. 물론 현실적 한계와 외부의 비판도 존재한다. AI와 클라우드 수요의 급증, 부품 제조 지역 간 재생에너지 보급 격차, 일부 협력업체의 이행 속도 문제 등 ‘전사적 탄소중립’ 달성까지 아직도 많은 숙제가 남아있다.

에코랠리와 애플의 사례가 우리에게 주는 교훈은 단순한 모범답안이 아니다. 서로 다른 장(모터스포츠와 하이테크 산업)에서 출발했지만, 두 사례는 동일한 질문 “무엇을 성과로 삼을 것인가?”에 대해 조직의 설계와 실행을 근본적으로 바꾸는 해법을 제시한다. 성과 지표의 재정의, 설계 단계에서의 지속가능성 내재화, 공급망을 포함한 협업 체계, 투명한 목표 설정과 보고, 그리고 혁신과 한계 사이의 균형이 그것이다.

우선 성과지표를 재정의하는 일은 전략의 방향을 송두리째 바꾼다. 에코랠리가 속도 대신 연비와 효율성을 우승 기준으로 삼았듯이, 기업도 매출이나 신제품 출시 속도만을 성공의 척도로 삼을 때와 탄소 발자국·자원 순환성 같은 새로운 지표를 핵심 경쟁력으로 설정했을 때의 투자 우선순위와 조

                    3부 성장 전략의 재정의

직 행동이 달라진다. 무엇을 계량하고 보상하느냐가 곧 조직의 의사결정과 실행을 규정한다. 또한 제품 설계의 기획 단계에서부터 지속가능성을 내재화하는 일이 중요하다. 에코랠리에서 차량 사양뿐 아니라 운전 습관과 주행 전략에 따라 연비 성과가 좌우되듯, 전자제품의 효율과 재활용성도 재료 선택·분해·수리 용이성·수명 설계와 같은 초기 결정에서 이미 상당 부분 결정된다. 따라서 사용성과 유지관리성, 재활용성을 염두에 둔 '앞단 설계'가 전체 성능과 지속가능성을 좌우한다.

무엇보다 기술적 혁신과 현실적 제약 사이의 균형을 유지하는 것 역시 중요하다. 혁신은 계속되어야 하지만 AI의 에너지 수요 증가나 지역별 인프라 차이 같은 외부 변수는 계획의 속도를 제약할 수 있다. 따라서 감축 목표와 더불어 탄소 제거 전략, 공급망 강화라는 복합적 접근을 병행하는 것이 실용적이다.

에코랠리와 애플은 시대의 화두에 대응하는 과정에서 성공의 기준을 재정의하는 닮은 꼴 행보를 보여주었다. 성과의 정의를 바꾸고, 설계 초기부터 지속가능성을 내장하며, 공급망과의 협업으로 실행력을 확보하고, 투명하게 성과를 검증하는 과정이야말로 단기적 성과를 넘어 장기적 신뢰와 지속가능한 경쟁우위를 만들어낸다. 오늘의 '우승 기준'을 재정의하는 조직만이 내일의 경기장에서 진정한 의미의 승리를 거둘 수 있을 것이다.

이윤을 넘어, 국민 건강을 위한 약속: 유한양행

유한양행은 창업 이래 '기업의 존재 이유'를 이윤 추구가 전부가 아닌 국민의 건강과 공익 실현에 두어온 기업이다. 설립자 유일한 박사는 1926년 유한양행을 세우며 '기업의 소유주는 사회'라는 신념을 행동으로 옮겼고, 자신의 재산과 회사 지분을 공익에 환원하는 길을 택했다. 이러한 창업 정신에 따라 회사의 비전도 '사회의 건강과 복지에 기여하는 것'으로 제도화되었으며, 유한재단·유한학원 등 공익법인이 주요 지분을 보유하는 독특한 소유구조로 운영된다. 이 구조는 유한양행이 단기적 성장 지표보다 장기적 사회적 가치를 우선하는 경영을 가능하게 하는 제도적 기반이다.

유한양행의 비전은 구호가 아닌 일상적인 실천으로 드러난다. 회사는 의약품 연구·개발을 통해 국민 보건 향상에 기여하는 것을 핵심 사업으로 삼아왔으며, 환자 접근성 확대와 공중보건 문제 해결을 위한 여러 프로그램을 꾸준히 운영했다. '사회 환원'의 과제는 회사의 지분을 보유한 공익법인들에 배당을 통해 기업이 창출한 경제적 가치를 교육·복지·공공재로 환원하는 선순환 구조를 만들어냈다. 이러한 재원 배분은 유한양행이 스스로를 '공익적 기업'으로 자리매김하게 한 중요한 동력이다.

　사회공헌 활동은 유한양행의 존재 가치를 구체화하는 또 다른 영역이다. 오랫동안 실행해온 보건·복지 지원 프로그램, 취약계층을 위한 위생용품 기부, 지역사회 보건사업과 장학·교육 지원 등은 일회성 이벤트가 아니라 지역사회의 생활 조건을 개선하는 연속적 활동으로 설계되어 있다. 이러한 활동은 기업의 사회적 책임을 넘어 '기업의 일상적 책무'로서 자리 잡았고, 지역사회와의 신뢰 관계를 형성하는 데 기여했다.

　에코랠리가 '속도'가 아닌 '연비'와 '효율성'으로 우승 기준을 재정의하듯, 유한양행은 기업의 성과 척도를 매출 성장만이 아닌 '국민 건강 증진'과 '사회적 환원'으로 재설계했다. 결국 앞서 강조한 것처럼 '무엇을 계량하고 보상하느냐'가 조직의 전략과 행동을 규정한다.

　유한양행의 사례는 오늘날 기업이 처한 근본적 질문, '우리는 무엇을 위해 존재하는가'에 대한 실천적 답이다. 에코랠리가 속도를 숭배하는 모터스포츠의 전통을 전복했듯, 유한양행이 내건 '건강과 사회적 회복력'이라는 가치는 단기적 성장 수치로 측정해왔던 기업 경영의 전통적 기준을 재정의할 수 있음을 보여준다.

무엇을 보상할 것인가: 성공의 기준을 다시 묻다

"승리는 더 빨리 결승선에 닿는 자의 전유물인가?" 에코랠리가 던진 가장 단순하면서도 강력한 질문이다. 레이스의 규칙을 연비와 효율로 바꾼 에코랠리는 이 질문에 '아니오'라고 답했다. 작은 철학의 전환이 곧 행동의 전환을 불러왔고, 그 결과 우리는 속도와 즉시적 성과에만 매달리던 관행을 다른 기준으로 재검토하게 되었다. 에코랠리가 보여준 것은 단지 모터스포츠의 규칙 변경이 아니라, 무엇을 성과로 삼느냐가 조직의 설계와 일상적 판단을 송두리째 바꾼다는 사실이다.

애플은 제품 설계·공급망·운영 전반을 친환경 경쟁력으로 재편하며 '탄소 배출량', '자원 순환성' 같은 지표를 핵심 성과로 자리매김했다. 유한양행은 창업 정신을 제도화해 기업의 목적을 국민 건강과 사회 환원으로 명확히 규정했고, 그 결과 이윤 이상의 가치를 기업 운영의 중심으로 삼았다. 두 경우 모두 성과의 정의를 바꾸자 조직의 자원 배분, 혁신의 방향, 외부와의 협업 방식이 바뀌었다.

결국 변화는 규칙을 바꾸는 데서 시작된다. 속도를 우선하던 시대의 규칙을 재검토하고, 책임과 효율을 우승의 기준으로 삼을 때 조직의 행동과 사회적 관계망은 달라진다. 에코랠리가 보여준 것처럼 '무엇을 계량하고 보상할 것인가'라는 근본적 질문에 답하는 기업만이 다음 시대의 의미 있는 승리를 거둘 수 있다. 오늘의 과제는 단순히 새로운 KPI를 선언하는 것을 넘어, 그 지표를 조직의 설계·문화·외부 협업 시스템 속에 실제로 녹여내는 일이다.

"머신이 스쳐가는 순간, 속도를 느껴라.

지금껏 없던 방식으로."

When the cars pass? Feel speed. Like. Never Before.

—패독 클럽(Paddock Club) 마케팅 슬로건

22 사치를 넘어서 가치로 승부하라

F1을 경험하는 것은 누가 더 빠른가에 대한 환호만은 아니다. F1 체험은 서킷 현장의 공기와 그에 참여하는 수많은 관계자의 노력과 안목이 만나 만들어내는 기억이며, 보이는 것 이상의 체험을 누구에게 어떻게 제공하느냐가 점점 더 중요해진다. F1 패독 클럽이 제공하는 것은 엔진의 굉음이나 호화로운 접대에 국한되지 않는다. 그 소음과 순간을 '하나의 경험'으로 빚어내는 능력이야말로 F1을 다른 스포츠와 다르게 만든다. 서킷을 내려다보는 데크에서 들려오는 엔진음과 관객들의 환호 소리가 한데 어우러질 때 비로소 드러나는 감정적 충만함, 그 경험이 VIP의 충성도를 설계하고, 스폰서의 투자를 정당화하며, 브랜드를 단순한 상품을 넘어 문화적 아이콘으로 변

모시킨다.

VIP 경험의 최전선, 패독 클럽

원래 '패독(paddock)'은 중세 유럽의 작은 목초지나 말의 준비 구역을 뜻했다. 그러던 것이 경주마가 달리기 전 숨을 고르고 조교사·기수·수의사가 모여 전략을 점검하는 '백스테이지'가 되었고, 다시 자동차 경주의 등장과 함께 레이스카를 정비하고 드라이버가 탑승을 준비하는 공간으로 자연스럽게 옮겨왔다. 말에서 차로, 안장이 휠로 바뀌는 과정이 그 이름에 담겨 있다.

1984년 프랑스 그랑프리에서 처음 선보인 VIP 전용 라운지는 이 전통을 현대적으로 재해석한 실험이었다. 소수의 고객을 대상으로 엔지니어의 손끝과 엔진의 숨결을 코앞에서 체험하게 한 그 시도는 곧 체험 기반 파트너십 전략의 출발점이 되었다. 1990년대 중반에는 국제적 표준화 작업이 진행되어, 미슐랭 스타 셰프의 코스 디너, 피트 워킹 투어, 전용 라운지와 네트워킹, 아티스트 초청 공연 등 다채로운 프로그램을 묶어 하나의 패키지로 정형화했다. 패독은 VIP석이라는 일반적 인식을 넘어 F1이 가진 자원과 네트워크를 총망라한 '문화

　　　　　3부　성장 전략의 재정의

적 무대'로 자리매김했다.

패독 클럽이 탄생하며 F1에 가져온 변화와 상업적 가치는 생각보다 지대했다. 우선 프리미엄 고객의 충성도가 강화됐다. 고가의 관람권을 구매한 이들은 레이스 머신 곁을 걸으며 크류나 엔지니어, 드라이버들과 대화를 나누고, 세계 각국의 비즈니스 리더들과 어깨를 나란히 한다. 그 경험은 단순한 경기 관람을 넘어 고급 문화 체험으로 기억되며, 재구매와 소문, 구전으로 연결된다.

이와 함께 패독은 스폰서십의 효과를 극대화하는 장치이기도 하다. 전용 부스와 맞춤형 이벤트를 통해 브랜드 메시지를 직접 전달할 수 있는 경험 마케팅은 단순히 로고가 노출되는 일반 광고와 달리 정량화된 ROI(Return on Investment)를 증명하게 해주고, 이는 장기 후원 결정으로 이어진다.

나아가 패독 클럽은 F1의 정체성을 '초 럭셔리 스포츠(Ultra-luxury sports)'로 재정의하는 핵심 수단이다. 속도와 승부만을 내세우는 다른 모터스포츠와 달리, F1은 럭셔리·문화·비즈니스가 결합된 하이엔드 라이프스타일을 제안한다. 패독에서의 경험 하나하나가 F1이 '하나의 삶의 방식'이라는 메시지를 강화하며, 스포츠를 넘은 문화적 아이덴티티를 구축한다.

모나코 그랑프리는 이 전략이 가장 잘 드러나는 현장이다. 요트와 헬리패드, 절벽 위의 오픈 라운지에서 듣는 엔진의 울림과 파도 소리는 특별한 사운드스케이프를 만든다. 셰프의 설명이 곁들여진 와인 페어링, 트랙과 불과 몇 미터 거리를 두고 느끼는 차량의 떨림은 단순 관람을 넘어 모나코 그랑프리의 주인공이 된 듯한 황홀함을 선사한다. 이러한 경험들이 모여 패독 클럽은 시간과 기억 속에 오래 남는 '가치'를 창조하고, 그 가치는 곧 F1의 지속가능한 경쟁력으로 환원된다.

기억을 파는 호텔, 리츠칼튼 클럽 라운지의 전략

리츠칼튼의 고객 전략은 '기억을 팔고 신뢰를 쌓는 일'로 요약된다. 일반적인 서비스 제공을 넘어 고객의 선호와 행동을 체계적으로 기록하고, 그 데이터를 다음 경험에 곧바로 반영함으로써 개인 맞춤형 환대를 일관되게 재현한다. 여기에 희소성과 고급스러운 환경 설계를 결합해 클럽 라운지라는 한정된 자원을 전략적으로 배치하고, 전문 컨시어지와 직원들의 재량권 부여로 현장 대응력을 높인다. 결과적으로 리츠칼튼은 한 번의 투숙이 반복 방문과 구전 추천으로 연결되는 '기억 기반의 고객 생애가치'를 창출한다는 점에서, 단순한 숙박업을 넘어 라이프스타일 브랜드로 확장하는 성공 모델을 보여준다.

이러한 원칙이 실제 비즈니스 모델로 구현된 것이 리츠

칼튼의 '클럽 라운지'다. 리츠칼튼의 클럽 라운지는 단순히 공간을 분리한 VIP 전용층이 아니라, 호텔 숙박이라는 경험 그 자체를 한 단계 높은 차원으로 끌어올린 대표적인 럭셔리 비즈니스 모델이다. 클럽 라운지는 전체 객실의 약 10%를 할당해 운영하는데, 이 한정된 공급이 희소성의 가치를 만든다. 객실 문을 열면 맞이하는 전용 리셉션, 전통적 로비의 번잡함을 벗어난 독립 체크인·체크아웃 존, 전문 컨시어지가 상시 대기하는 프라이빗 공간 등에서 고객은 '마치 개인 거처에 초대된 것 같은' 특별한 안식과 안전감을 느낀다.

클럽 라운지 이용객에게 제공되는 혜택은 크게 세 가지 축으로 구성된다. 아침에는 셰프가 즉석에서 조리하는 오믈렛과 훈제 연어가 포함된 고급 조식 뷔페가, 오후에는 애프터눈 티와 다채로운 페이스트리가, 저녁에는 시그니처 칵테일과 세계 각국에서 엄선한 와인·샴페인이 준비된다. 일반 객실 투숙객이 경험할 수 없는 셰프의 맞춤형 메뉴와 고객 개개인의 취향을 데이터베이스화한 '맞춤형 테이블 세팅'은 서비스 디테일의 극치다. 예컨대 한 번 라운지를 이용한 고객의 스파클링 와인 선호도나 채식 메뉴 요청 이력은 다음 투숙 때 즉각 반영되어 "리츠칼튼은 내 취향을 기억한다."는 강력한 메시지를 전달한다.

이와 같은 개인화 전략은 객실 요금 대비 20~30%의 프리미엄을 정당화하며, 리츠칼튼 전체 재방문율을 평균 60%

이상으로 끌어올리는 데 결정적인 역할을 했다. 실제로 클럽 라운지 투숙객의 순 고객 추천지수(Net Promoter Score; NPS)는 일반 객실 투숙객 대비 25포인트 가량 높았고, 클럽층을 보유한 호텔과 그렇지 않은 호텔의 연간 객실당 매출도 평균 15% 이상 차이났다.

또한 클럽 라운지를 중심으로 한 멤버십 프로그램은 객실 판매 이상의 부가가치를 창출한다. 투숙객들은 라운지에서 만난 다른 비즈니스 리더나 예술가들과 자연스럽게 네트워킹을 형성하며, 저자 초청 디너, 와인 테이스팅, 비공개 음악회 등 특별 이벤트에 참가할 기회를 얻는다. 이러한 커뮤니티 경험이 단순 '숙박'을 넘어 '리츠칼튼 커넥션'을 형성하게 하고, 이는 곧 브랜드 충성도와 구전 효과로 이어진다.

'경험 경제(Experience Economy)'는 상품이나 서비스 그 자체를 넘어, 소비자가 직접 체험하는 경험의 질에 가치를 두고 새로운 부가가치를 창출하는 패러다임이다. 리츠칼튼이 클럽 라운지를 통해 얻은 성과는 F1 패독 클럽이 지향하는 '극소수 VIP를 위한 초호화 경험'이 통상적인 마케팅 이벤트를 넘어 지속가능한 비즈니스 성장의 엔진이 될 수 있음을 보여준다. 희소성으로 출발한 클럽 라운지의 가치는 개인화된 서비스와 커뮤니티 경험으로 확장되며, 고객은 단순한 소비자를 넘어 자발적인 브랜드 옹호자로 바뀐다. 탁월한 '한 번의 경험'을 의도적으로 설계해 이를 반복과 추천으로 연결되도

　　　　　　　　　　3부　성장 전략의 재정의

록 체계화하는 것이다. 오늘날 기업이 추구해야 할 것은 일시적 매출이 아니라, 시간이 지나도 빛을 잃지 않는 '기억의 자산'을 만드는 장기적 관점이다. 리츠칼튼에서 차별화된 서비스를 배우는 것도 중요하지만 정작 더 필요한 것은 그 서비스를 어떻게 기획하고 실행했는가 하는 전략적 사고다.

소비를 넘어 문화로, 현대카드의 프리미엄 공간 전략

현대카드는 카드 업계의 후발주자지만 이례적인 방식으로 성공을 거두며 업계의 강자가 되었다. 그들의 지향점은 고객의 일상과 정체성 속으로 깊숙이 스며드는 '라이프스타일 플랫폼' 구축이다. 현대카드는 고객을 일반적인 카드 사용자나 금융 거래의 대상이 아닌, 브랜드 문화를 함께 향유하는 공동체의 일원으로 다시 정의했다. 특히 VIP 고객을 대상으로 기존의 카드 혜택을 넘어선 전용 공간 경험과 문화적 교류를 제공하며, '소비 행위'를 '생활 경험'으로 확장시켰다. 이러한 선택은 금융 서비스를 넘어 음악·예술·지식 콘텐츠를 결합해 고객에게 소속감과 차별화된 자부심을 심어주는 전략적 전환이었고, 이는 현대카드를 거래 관계 중심의 금융사가 아닌 고객의 기억과 일상을 채워주는 문화적 동반자로 자리매김하게 했다. 현대카드는 고객의 선호와 행동을 면밀히 분석하고 이를 개인화된 경험으로 재현함으로써 브랜드 충성도를 높이는 전략을 구사했다. 제한된 공간, 맞춤형 서비스, 그리고 희소성 있는 경험이 결합되면서 고객은 단순한 소비자를 넘어 브랜드와 깊이 연결된 팬덤으로 발전했다.

현대카드가 VIP 고객을 위해 선보인 전용 서비스 경험은 단연 눈에 띈다. 현대카드는 '카드'를 넘어 '플랫폼'을 표방하며, 2015년 서울 이태원과 삼성동 코엑스에 각각 '현대카드 라이브러리'와 '언더스테이지'를 개관했다. 이 공간은 금융사의 부속 시설이 아니라, 마치 리츠칼튼의 클럽 라운지처럼 제한된 회원만이 누릴 수 있는 프리미엄 문화공간으로 설계되었다.

라이브러리 무료 이용권은 현대카드 최상위 멤버십 고객에게만 주어졌다. 내부에는 엄선된 장서와 독서·스터디 공간이 마련되었고, 커피와 간식, 아날로그 음악 감상, 전시 관람 같은 경험이 제공되었다. 여기에 현대카드가 직접 기획·운영하는 전시회나 공연, 콘서트 프로그램이 결합되면서, 이 공간은 단순한 편의 제공을 넘어 문화적 교류와 커뮤니티의 장으로 확장되었다. 언더스테이지는 더욱 직관적이다. 소규모지만 고품질 공연을 위해 최적화된 이 공연장은 고객들에게 "현대카드만이 선사할 수 있는 특별한 무대"를 경험하게 만들었고, 이는 브랜드 충성도를 높이면서 고객을 단단히 붙잡는 역할을 했다.

이 전략의 성과는 곧 수치로 이어졌다. 2021년 말 기준 현대카드의 전체 회원 수는 약 915만 명에 달했으며, 이 가운데 'M·G·A 시리즈'와 같은 고급 카드 가입자만 150만 명을 넘어섰다. 매월 평균 4만 명 이상이 라이브러리와 언더스테이지를 방문했는데, 이들 VIP 고객의 카드 이용액은 일반 고객 대비 1.5배 높았다. 단순히 카드 사용을 유도한 것이 아니라, 문화적 체류 경험이 소비 성향을 자연스럽게 끌어올린 것이다. 또한 NPS 조사에서 '문화 혜택' 부문이 업계 최상위를 기록하며, 현대카드의 차별화된 충성 고객층이 공고히 유지되었다.

재무적 관점에서도 성과가 뚜렷했다. 라이브러리 운영에 투입된 고정비용보다 멤버십 유지율 상승으로 발생한 연간 카드 교체 수수료 및 가맹점 수수료 증가분이 30% 이상 더 컸다. 고객당 생애가치(LTV) 역시 도입 전 대비 20%가량 높아졌다. 특히 '현대카드 Black'과 같은 최상위 카드의 연회비 프리미엄이 합리적으로 받아들여졌고, 결과적으로 프리미엄 카드 포트폴리오 매출 비중이 전체의 25%를 넘어서면서 수익 구조를 한 단계 업그레이드했다.

이 모든 과정은 현대카드가 공간을 매개로 '문화적 가치를 경험시키는 VIP 전용 플랫폼'을 구축한 결과라 할 수 있다. 고객은 수동적으로 카드사가 제공하는 금융 혜택을 받는 소비자가 아니라, 브랜드 문화의 주체로 자리 잡는다. 리츠칼튼 클럽 라운지가 숙박 이상의 경험을 통해 충성도를 높였듯, 현대카드는 프리미엄 공간이 곧 강력한 비즈니스 성장 엔진으로 작동할 수 있음을 입증했다.

현대카드의 실험은 우리에게 의미 있는 메시지를 던진다. 오늘날 기업의 경쟁력은 단순히 상품의 가격이나 기능에서 나오지 않는다. 그것은 고객이 브랜드와 맺는 경험의 질과 기억의 깊이에서 비롯된다. 금융사가 문화의 기획자가 되고, 소비자가 라이프스타일의 주체로 변화하는 흐름 속에서, 현대카드의 사례는 앞으로의 기업 마케팅이 지향해야 할 새로운 좌표를 보여준다.

럭셔리의 본질은 사치가 아닌 경험이다

이러한 경험 중심의 시장에서 기업은 단순한 제품 제공을 넘어, 고객에게 잊히지 않을 가치 있는 순간을 선사함으로써 감정적 유대와 장기적 충성도를 확보한다. 이를 위해 일부 기업들은 VIP 고객과의 긴밀한 상호작용에서 얻은 인사이트를 실시간 서비스에 반영하고, 스폰서 및 공급사와 협력하여 생태계 전체의 가치를 공동 창출(Co-creation)하는 구조를 적극 도입하고 있다.

　정교한 서비스 디테일과 개인화된 스토리텔링은 고객에게 심리적 소유감과 문화적 감동을 제공하며, 이는 가격 경쟁을 넘어서는 고유한 무형 자산으로 작동한다. 또한 정기적인 피드백 구조와 외부 파트너와의 협업을 통해 고객이 '환대'를 체험할 수 있는 프로그램을 끊임없이 새롭게 하고, 디지털·친환경 요소를 결합해 고객의 기대를 선제적으로 넘어서는 것이 필수적이다.

　오늘날의 럭셔리는 단순한 사치의 소비가 아니다. 그것은 고객의 기억 속에 오래 남는 문화적 경험과 스토리를 통해 브랜드와 함께 쌓아 가는 가치 지향적 체험의 총합이다. F1 패독 클럽이 보여주듯, 이러한 경험은 시간이 흘러도 빛바래지 않는 문화적 자산으로 자리 잡으며, 기업의 지속가능한 성장을 이끄는 또 하나의 엔진이 된다.

"전 세계를 생각하되, 지역에서 승부하라."

Think globally, act locally.

―르네 뒤보(René Dubos)*

---

* 1901-1982. 프랑스계 미국인 미생물학자, 실험 병리학자, 환경운동가. 환경
의학이라는 새로운 학문을 개척한 과학자이자, 1969년《So Human an Animal:
How We Are Shaped by Surroundings and Events》로 퓰리처상을 수상한 작가
이기도 하다.

23
글로벌 성공은
로컬 존중에서 시작한다

F1 그랑프리는 매년 24개국을 순회하며 180여 개국에 생중계되고 누적 시청자 17억 명을 기록하는 '모터스포츠 올림픽'이다. 이 같은 규모가 유지되는 배경에는 FIA가 정한 표준화된 규격과 운영 기준이 있으며, 이는 글로벌 미디어와 스폰서의 신뢰를 확보해 F1을 프리미엄 콘텐츠로 자리매김하게 했다. 동시에 F1은 "글로벌 스탠다드는 지키되, 로컬 콘텐츠는 적극 수용한다."는 글로컬 전략을 통해 각 개최국의 문화와 경험을 적극 반영한다. 개막식에 전통 공연을 도입하고, 결승 깃발을 현지 유명 인사가 흔들게 하며, 서킷 주변에 지역 특산품과 관광 프로그램을 결합한다. 싱가포르의 야간 레이스와 등불 축제, 멕시코의 거리 예술과 음악 공연이 대표적이다. 이러

한 전략은 경제·문화적 가치를 창출하고 팬덤을 강화하며, 전 세계 시청자에게 독특한 문화 콘텐츠를 제공해 F1을 스포츠를 넘어선 글로벌 문화·비즈니스 플랫폼으로 발전시키는 원동력이 되고 있다.

음료 이상의 메시지 발신 기지, 레드불

F1의 세계에서 레드불 레이싱 팀은 단순히 속도와 기술로만 자신을 드러내지 않는다. 그들의 무대는 트랙 위에만 머물지 않고 서킷 주변과 도시 한복판으로까지 확장된다. 레드불의 독창적인 행보는 레이스 주말을 단순한 스포츠 이벤트가 아니라 하나의 문화 축제로 재구성하는 데 있다.

그랑프리 기간 동안 레드불은 피트 빌딩 옆 광장에 대규모 무대를 설치하고, '레드불 익스트림 스테이지(Red Bull Xtreme Stage)'라는 이름으로 현지 아티스트와 DJ를 초청한다. 2019년 멕시코시티 그랑프리에서는 현지 그래피티 작가들이 서킷 벽면에 즉석 페인팅을 선보였고, 휴식 시간마다 힙합 뮤지션들이 무대에 올라 관중의 열기를 더했다. 엔진 소리와 비트, 스프레이 페인트 향이 뒤섞인 현장은 다른 경기장과 달리 도시의 리듬을 담아낸 축제의 장으로 탈바꿈했다.

문화 체험은 음악과 아트에서 그치지 않았다. 레드불은 주 출입구 맞은편에 '레드불 로컬 카페'를 열어 관중이 경기장에 들어서기 전부터 현지의 색채를 느낄 수 있도록 했다. 태국 방콕에서는 전통 과일을 활용한 '타마린드 스파클링'을, 일본 스즈카에서는 '말차 라떼'와 '사케 쿠키'를 선보였다. 관중은 음료와 간식 등을 통해 티켓만으로는 얻을 수 없는 특별한 경험을 체감했고, 이는 레드불이라는 글로벌 브랜드와 자연스럽게 어우러졌다. 카페에서는 현장에서만 구할 수 있는 한정판 굿즈도 판매했다. 로고가 새겨진 토트백이나 아트워크 티셔츠는 팬들의 수집욕을 자극했고, 인증샷은 소셜 미디어를 통해 다시 레드불의 이미지를 확산시켰다.

레드불은 현지 예술가와 협업하고, 새로운 감각적 경험을 설계하며 스스로를 '문화를 뒤흔드는 플랫폼'으로 정의했다. 기존의 모터스포츠 팬뿐 아니라 음악과 아트에 관심 있는 젊은 세대까지 경기장으로 끌어들였고, 이들이 체험한 즐거움은 곧 브랜드 충성으로 이어졌다. 그 결과 레드불은 새로운 팬층을 확보하며 글로벌 이미지를 한층 강화했다.

레드불의 전략은 '글로벌 정체성'과 '지역적 특성'을 절묘하게 결합한 글로컬 접근이었다. 브랜드 메시지는 언제나 에너지와 도전을 강조했지만, 그 표현은 개최국마다 달라졌다. 도시의 문화와 음악, 음식, 예술이 레드불의 틀 안에서 새롭게 조합되며, 글로벌 스탠더드 위에 지역적 자긍심이 더해졌다.

이 행보는 오늘날 브랜드 마케팅의 핵심 방향을 잘 보여준다. 소비자는 더 이상 제품의 기능만으로 브랜드를 기억하지 않는다. 그들은 자신이 속한 문화와 취향을 반영하는 체험적 가치를 원한다. 레드불은 이 흐름을 간파하고, F1이라는 세계적 무대에 현지 문화를 결합해 브랜드를 단순한 음료 회사가 아니라 경험 중심의 문화 플랫폼으로 확장시켰다. 이처럼 레드불은 모터스포츠의 장에서 경기장 밖까지 또 다른 무대를 창조했다. 트랙 위의 스피드와 서킷 밖의 문화가 만나는 지점에서 레드불의 전략은 팬들에게는 잊히지 않는 순간을, 브랜드에는 지속가능한 성장을 안겨주며 문화를 설계하고 흔드는 글로벌 아이콘으로 자리매김했다.

글로컬 전략의 모범, 맥도날드

오늘날 글로벌 기업의 가장 큰 과제 중 하나는 전 세계적으로 일관된 브랜드 경험을 제공하면서도 각 지역의 문화와 소비자 취향을 존중하는 일이다. 동일한 메시지를 유지하면서 동시에 현지 맞춤 전략을 펼치는 글로컬 전략은 다국적 기업의 성패를 좌우하는 핵심 요인이 되었다. 맥도날드는 이를 가장 모범적으로 구현한 기업 중 하나다.

맥도날드는 '골든 아치' 로고와 매장 인테리어, 조리·서비스 매뉴얼을 표준화해 어디서나 동일한 이미지를 제공한다. 덕분에 소비자는 어느 매장에서든 익숙하고 안정적인 품질을 경험할 수 있다. 그러나 단순한 표준화만으로는 글로벌 리더십을 유지하기 어렵다. 맥도날드는 각 시장의 문화적 맥락을 세밀히 분석하고, 소비자의 생활과 취향을 반영한 현지화 메뉴를 적극적으로 개발하며 신뢰를 쌓았다.

인도는 힌두교와 이슬람 문화권이 공존하는 만큼 소고기와 돼지고기 소비가 제한된다. 맥도날드는 이를 고려해 감자 패티를 활용한 '맥알루 티키(McAloo Tikki)'를 1998년에 출시했다. 매시드 포테이토와 완두콩에 인도 향신료를 더한 이 버거는 첫해에만 1억 개가 팔리며 전체 매출의 20%를 차지했다. 이후 현지 R&D 센터와 협력해 '맥 스파이시 버거', '맥 티키 마살라' 같은 메뉴를 내놓으며 매년 15% 이상의 성장을 견인했다. 또한 원재료의 80%를 인도 현지 농가에서 조달해 공급망을 최적화하고 지역 경제에도 기여했다.

태국에서는 해산물 식문화를 반영해 '스파이시 새우 버거'를 출시했다. 신선한 새우 패티에 태국 고추와 마늘 소스를 더한 이 버거는 3개월 만에 500만 개가 팔리며 전체 버거 매출의 30%를 차지했다. 맥도날드는 현지 수산 업체와 장기 계약을 맺어 공급망을 안정화하고, 전담 팀을 구성해 품질을 주기적으로 점검했다. 동시에 '타이 스파이스 챌린지' 캠페인을 열어 소비자가 매운맛 단계를 선택하도록 해 참여를 유도했고, 소셜미디어에서 200만 건 이상의 사용자 생성 콘텐츠(UGC)를 확보하며 브랜드와 소비자 간 소통을 강화했다.

현지 입맛을 고려한 메뉴 출시는 중동과 일본, 한국에서도 성과를 거두었다. 맥도날드는 중동권에서는 피타 브레드에 그릴드 치킨을 넣은 '맥아라비아(McArabia)'를, 일본에서는 해산물 선호를 반영한 '에비 필레오(Ebi Filet-O)'를, 한국에서는 전통 불고기 양념을 활용한 '불고기 버거'를 출시했다. 맥아라비아와 에비 필레오는 출시 지역에서 꾸준히 사랑받는 스테디셀러로 자리 잡았으며, 불고기 버거 역시 출시 이후 맥도날드 매출의 30% 이상을 차지하는 등 성공작으로 남았다.

흥미로운 점은 맥도날드가 이러한 현지화 성공 사례를 글로벌 차원에서 공유한다는 것이다. 특정 국가에서 성공한 메뉴는 글로벌 메뉴 개발팀의 분석을 거쳐 다른 시장에도 응용된다. 이는 한 지역의 실험이 글로벌 혁신으로 이어지는 선순환 구조를 만들어냈다.

결과적으로 맥도날드는 전 세계 100여 개국에서 현지화 메뉴 매출 비중을 평균 25%까지 끌어올렸고, 이들이 전체 성장의 핵심 동력으로 자리 잡았다. 매장 운영과 서비스 품질은 동일하게 유지하면서, 각 지역의 문화와 미식 전통을 반영한 메뉴로 차별화한 것이다. 더불어 현지 농가와 수산 업체와의 협력은 단순한 마케팅을 넘어 사회적 가치 창출로 이어졌다.

　맥도날드의 전략은 글로벌 브랜드가 단순히 "세계 어디서나 같은 맛"을 제공하는 데 그쳐서는 안 된다는 점을 보여준다. 오늘날 소비자는 기능적 만족을 넘어, 자신이 속한 문화와 취향이 존중받는 경험을 원한다. 맥도날드는 이를 정확히 이해했고, 철저한 표준화와 과감한 현지화를 동시에 추진함으로써 '글로컬 브랜딩'의 교과서로 자리 잡았다.

제주에서 세계로, 이니스프리의 역 글로컬 전략

글로벌 시장에서 기업이 직면하는 가장 큰 과제 중 하나는 동일한 브랜드 정체성을 유지하면서도 각 지역 소비자의 고유한 요구와 문화를 반영하는 일이다. 이를 조화롭게 풀어내는 방식이 바로 '글로컬 전략'이다. 국내 기업 가운데 아모레퍼시픽의 자연주의 화장품 브랜드 이니스프리(Innisfree)는 글로컬 전략을 가장 성공적으로 구사한 사례로 꼽힌다.

　이니스프리는 브랜드 출범 초기부터 "제주에서 온 자연 그대로의 뷰티"를 핵심 메시지로 내세웠다. 녹차, 화산송이, 한란, 비자나무 등 제주의 독특한 천연 원료를 제품 라인업에 담아내며 '진정성 있는 자연주의 화장품'이라는 이미지를 구축했다. 그러나 단순히 제주 원료를 세계 곳곳에 동일하게 수

출하는 방식은 택하지 않았다. 각 시장의 기후와 생활환경, 소비자의 피부 고민을 면밀히 분석해 제품 성분과 제형을 지역별로 차별화하는 데 집중했다.

예를 들어 무더운 동남아 시장에서는 자외선 차단과 즉각적인 수분 공급을 중시하는 소비자 특성에 맞춰 '비자 시카밤'과 같은 라인을 강화했다. 반면 건조한 북미와 유럽에서는 제주 용암해수 크림처럼 영양과 보습을 극대화한 고기능성 제품을 출시해 현지인의 피부 고민을 맞춤으로 해결했다. 이처럼 동일한 제주 원료라는 뿌리를 유지하되, 시장별로 기능과 제형을 차별화한 전략은 소비자에게 "나를 위해 설계된 브랜드"라는 인식을 심어주었다.

제품 차별화와 더불어 오프라인 매장 전략도 눈에 띄었다. 단순히 플래그십 스토어를 복제하지 않고, 진출 지역의 문화와 소비 행태에 맞춰 공간을 재설계한 것이다. 일본 매장에서는 '제주 숲'을 모티프로 삼되 현지 정원 양식을 접목해 차분하면서 이국적인 휴식 공간을 구현했다. 중국 상하이 매장은 디지털 네이티브 세대를 겨냥해 SNS 체험존과 뷰티 컨설팅 부스를 강화했다. 이렇게 지역별 소비자 경험을 정교하게 설계한 매장은 단순한 판매 공간을 넘어 브랜드 스토리를 체험하는 문화공간으로 기능했다.

마케팅 전략 역시 현지화에 충실했다. 이니스프리는 각국의 인플루언서와 문화 아이콘을 앰배서더로 기용해 소비자와의 친밀감을 높였다. 일본에서는 청순한 이미지의 현지 배우를, 중국에서는 SNS 영향력이 큰 스타를, 동남아에서는 K-컬처에 친숙한 아티스트를 내세워 브랜드의 메시지를 효과적으로 전달했다. 이러한 전략은 '제주'라는 낯선 지리적 상징을 글로벌 소비자에게 가깝고 친근하게 다가오도록 만들었다.

이러한 다층적인 글로컬 전략의 결과 이니스프리는 2015년 이후 중국, 동남아, 미국 등 주요 해외 시장에서 눈에 띄는 매출 성장을 기록했다. 단일한 스토리, 즉 '제주'라는 지역적 정체성이 글로벌 소비자에게도 보편적인 공감과 구매 동기를 불러일으킬 수 있다는 점을 입증한 것이다. 소비자들은 단순히 화장품을 구매하는 것이 아니라, 제주의 청정 자연과 문화가 담긴 스토리를 경험한다는 감각을 얻었다.

글로벌 시장에서 진정한 경쟁력은 단순한 확장이 아니라 지역(성)과의 깊은 공명에서 만들어진다. 브랜드의 뿌리는 유지하되, 현지 소비자와 문화를 존중하고 그들의 삶 속으로 스며드는 전략이야말로 지속가능한 성장을 가능하게 한다. 제주에서 출발한 이니스프리가 세계인의 일상 속에 자리 잡은 과정은, 한국 기업이 글로컬 전략을 통해 어떻게 세계 무대에서 존재감을 키워갈 수 있는지를 잘 보여준다.

세계와 지역을 동시에 연결하라

오늘날 글로벌 무대에서 살아남는 브랜드는 단순히 표준화된 제품을 공급하거나, 일시적인 현지화를 시도하는 데서 멈추지 않는다. 그들은 세계 어디서나 동일한 품질과 신뢰를 보장하는 동시에, 각 지역의 문화와 생활양식을 존중하고 이를 브랜드의 언어와 경험 속에 녹여낸다. F1의 글로벌 스탠더드와 로컬 콘텐츠 전략, 레드불의 문화적 무대 확장, 맥도날드의 현지화 메뉴, 그리고 이니스프리의 제주 스토리는 서로 다른 영역이지만 하나의 진실을 증명한다. 그것은 세계와 지역을 동시에 연결하는 글로컬 전략이야말로 강력한 성장 엔진이라는 점이다.

소비자는 더 이상 기능과 가격만으로 브랜드를 평가하지 않는다. 그들은 자신이 속한 문화가 존중받고, 자신의 삶이 브랜드의 이야기 안에서 반영된다고 느낄 때 비로소 깊은 신뢰와 충성을 보낸다. 기업이 글로벌 정체성과 지역적 특수성을 균형 있게 엮어낼 때, 제품은 단순한 상품을 넘어 문화적 경험으로 승화된다. 이는 곧 지속가능한 성장으로 이어지고, 브랜드를 단순한 기업의 범주를 넘어 사회적·문화적 플랫폼으로 진화시킨다.

결국 진정한 글로벌 리더십은 세계를 향한 보편적 메시

지와 지역을 향한 섬세한 공명이 만나는 지점에서 발현된다. 우리가 주목해야 할 것은, 글로벌 기업이든 한국 기업이든 이 균형을 얼마나 정교하게 설계하고 진정성 있게 실행하느냐가 미래 경쟁력을 결정짓는다는 사실이다.

"속도는 판매를 견인하지만,

경험은 가치를 지속시킨다."

Speed sells, but experience sustains.

—로스 브라운(Ross Brawn)*

---

* 1954~. 영국 출신의 엔지니어이자 스포츠 행정가. 포뮬러 1의 모터스포츠 및 기술 담당 이사를 맡아 F1의 혁신적인 설계를 주도했다. Brawn GP의 성공을 이끈 유명한 엔지니어이자 팀 책임자였으며, 2009년 붕괴 위기의 혼다 팀을 인수한 후 긍정적인 결과를 이끌어낸 스토리는 다큐멘터리와 책으로도 제작되었다.

24
당신의 경험을 디자인해드립니다

오늘날의 시장은 제품과 서비스의 품질만으로는 충분한 차별화를 이루기 어렵다. 소비자들은 브랜드와 만나는 모든 순간에서 기대와 충성도를 형성한다. 온라인 검색, 매장 방문, 배송과 개봉의 순간까지 고객 여정의 각 단계가 일관성을 갖지 못하면 불신으로 이어진다. 특히 디지털 채널이 확장되면서 소비자는 원하는 정보를 즉시 비교·공유할 수 있고, SNS를 통해 긍정적 경험은 물론 부정적 경험도 빠르게 확산된다.

이제 고객 경험(Customer Experience, CX)은 브랜드 가치를 좌우하는 핵심 요인이다. 기업은 단순히 제품을 판매하는 주체가 아니라 '고객 여정을 설계하는 경험 디자이너'로 진화하고 있다. CX 기반의 브랜드 관리는 고객의 잠재 수요를 예측하고, 모든 접점에서 감동과 일관된 메시지를 제공해 '좋은 경험'을 브랜드 자산으로 전환하는 것이다. 이는 장기적으로 충성도를 높이고, 재구매율과 평균 구매 단가, 추천 의향을 끌어올리며 브랜드 포지셔닝을 강화한다.

고객 경험을 자산으로 바꾼 Alpine F1

F1의 고객 경험 기반 브랜드 매니지먼트 전략은 스포츠 마케팅 차원을 넘어 산업 현장의 경영 전략과 맞물린다. 팬에게 제공되는 '기억에 남는 여정'이 곧 브랜드 자산으로 전환되고, 이는 모든 산업의 고객 관리 전략에 적용 가능한 모델로 확장된다. 프랑스 르노그룹 산하의 'BWT Alpine F1 Team'은 상대적으로 대중적 인지도는 낮지만, 고객 경험 기반 브랜드 매니지먼트에서 이들이 보여준 시도는 시사점이 크다. 핵심은 팬과 브랜드를 연결하는 디지털 멤버십 플랫폼 "A Club"이다.

알핀은 팬이 자신의 취향과 관심사에 맞춰 브랜드 여정에 적극 참여할 수 있도록 멤버십 경험을 설계했다. 이를 위해 웹, 모바일 앱, 소셜 미디어 등 다양한 채널에 흩어져 있던 팬 데이터를 통합 분석하고, 관심사와 참여 수준에 따라 멤버십 등급을 세분화했다. 각 등급별로 차별화된 콘텐츠와 혜택이 제공되었는데, 가령 드라이버의 일상을 보여주는 'Day-in-the-Life' 비하인드 영상, 엔진 개발 과정을 소개하는 기술 웨비나, 시뮬레이터 대전권 등이 마련되었다. 팬들은 이를 통해 일회적인 방문자나 관람객이 아니라 팀 운영의 한 축으로 기여하고 있다는 인식을 가질 수 있었다.

경기 주간에는 멤버십 전용 프로그램인 "A Club Live"가 운영되었다. 유럽, 아시아, 미주 등 주요 그랑프리 현장에서 지역별 팬 미팅을 열고, 드라이버와 엔지니어가 직접 참여하는 소규모 Q&A 세션, 팀의 기술 철학을 공유하는 테크니컬 투어, 한정판 굿즈 언박싱 이벤트가 이어졌다. 팬들은 경기를 보는 것을 넘어 팀의 세계관에 직접 참여하고, 전용 커뮤니티 앱을 통해 실시간으로 질문과 의견을 교환하며 '함께 만드는 경험'을 축적했다.

이 전략은 디지털 공간에만 머물지 않았다. 영국 엔스톤 본사 인근의 알핀 체험 센터를 멤버십 상위 등급을 위한 "A Club Experience" 공간으로 개조했다. 이곳에서는 엔진 시뮬레이터 체험, 피트워크 관람, 팀 브리핑 참관 기회를 제공했다. 팬들은 실제 엔지니어와 드라이버의 활동 현장을 가까이에서 경험하며, 자신이 브랜드의 세계 안에 초대된 특별한 구성원임을 체감할 수 있었다.

알핀의 전략은 물리적 체험 공간과 디지털 플랫폼을 유기적으로 결합했다는 점에서 의미가 크다. 온라인을 통해 글로벌 팬을 연결하고, 오프라인 현장에서 특별한 경험을 제공함으로써 팬들은 장소에 구애받지 않고 알핀의 철학과 세계를 공유할 수 있었다. 경기를 관람하는 수준을 넘어, 브랜드와 고객이 팀의 역사와 문화를 함께 만들어 나가는 여정을 설계한 것이다.

알핀의 사례는 고객 경험이 어떻게 브랜드 자산으로 전환되는지를 보여주는 교과서적 모델이다. 팬 데이터 분석, 맞춤형 콘텐츠 제공, 디지털과 물리적 체험의 통합이라는 일련의 과정은 고객 경험 관리가 곧 기업 경쟁력이라는 사실을 입증한다. 모든 산업의 기업이 고객을 단순한 수요자가 아니라 '경험의 공동 설계자'로 인정할 때, 브랜드는 지속가능한 성장의 토대를 마련할 수 있다. 알핀의 시도는 경험이 곧 브랜드의 미래임을 잘 보여준다.

상담 매뉴얼이 없다? 행복전달 자포스(Zappos)

오늘날 글로벌 소비재 시장에서 차별화의 핵심은 단순히 제품의 품질이나 가격 경쟁력이 아니다. 소비자가 브랜드와 만나는 모든 접점에서 경험하는 감정, 이야기, 기억이 곧 브랜드 자산으로 전환된다. 이 점을 가장 감동적으로 보여준 기업이 바로 미국의 온라인 신발·패션 유통업체 '자포스(Zappos)'다.

자포스는 창업 초기부터 "우리는 신발을 파는 회사가 아니라 행복을 전달하는 회사다(Delivering Happiness)"라는 철학을 내세웠다. 그 철학은 고객센터 운영에서 극적으로 드러난다. 한 고객이 병원에 입원한 어머니를 위해 주문한 신발을 제때 받지 못할 상황에 놓였을 때, 자포스 상담원은 무료로 익일 배송을 진행하고 꽃다발과 위로 메시지까지 함께 보냈다. 또 다른 고객은 장례식을 앞두고 반품 기간이 지난 신발을 돌려보내려 했는데, 자포스는 조건 없이 반품을 받아주고 조의 화환까지 보냈다. 이 같은 사례는 비즈니스 거래 이상의 인간적 교감을 브랜드의 일부로 만든 순간이었다.

자포스의 고객센터에는 통화 시간제한이나 매뉴얼 스크립트가 없다. 상담원이 고객의 이야기를 충분히 듣고 진심 어린 공감을 전할 수 있도록 전권을 부여한다. 실제로 한 상담원이 무려 10시간 넘게 고객과 통화한 사례가 기록으로 남아있다. 이는 문제 해결을 넘어 고객이 존중받고 있다는 감정을 경험하게 하는 것이 진정한 서비스임을 보여준다. 이런 경험을 통해 고객은 단순한 이용자가 아니라 브랜드의 친구 혹은 가족처럼 느끼게 된다.

이처럼 고객 경험을 최우선으로 삼는 자포스의 문화는 업계의 판도를 바꾸었다. 충성 고객층은 꾸준히 재구매를 이어갔고, 입소문은 새로운 고객을 끌어들였다. 자포스의 성장

세는 아마존의 눈길을 사로잡았다. 2009년 아마존은 약 12억 달러에 자포스를 인수했다. 단순히 온라인 신발 유통업체로서 자포스의 매출 규모 때문은 아니었다. 제프 베이조스가 주목한 것은 자포스의 고객 경험 중심 DNA였다. '고객 집착(Customer Obsession)'을 철학으로 삼아온 아마존은 자포스가 보여준 인간적인 고객 서비스와 조직문화에서 미래 경쟁력의 방향을 확인했다.

흥미로운 점은 인수 이후에도 자포스가 아마존의 한 부서로 흡수되지 않았다는 사실이다. 인수 조건 중 하나가 바로 자포스의 독립 운영 보장이었다. 창업자 토니 셰이는 자포스의 독특한 문화, 자율성, 창의성, 행복 중심 철학이 무너지면 브랜드 가치도 함께 사라질 것이라고 확신했다. 아마존 역시 이 점에 동의했고, 물류와 일부 운영 효율성은 아마존 시스템을 활용하되, 채용·고객센터 운영·조직문화는 자포스 고유의 방식을 유지하도록 했다. 이는 인수 기업에 대한 존중 차원을 넘어 자포스의 브랜드 파워가 어디에서 비롯되는지를 아마존이 정확히 이해했기 때문이다. 물론 시간이 흘러 창업자 토니 셰이가 물러난 이후 부분적으로 효율을 우선하는 제도와 자동화 시스템이 도입되었고, 팬데믹 시기에는 인력 감축도 있었다. 그러나 자포스는 여전히 독립적 브랜드로 존재하며, 고객 중심 철학을 핵심 자산으로 지켜가고 있다. 오늘날에도 고객은 단순히 신발을 사는 것이 아니라 "행복을 구매한다."는 경험을 이어가고 있다.

고객 경험을 통한 차별화가 얼마나 강력한 자산이 되는지를 보여주는 자포스의 사례는 오늘날 모든 기업이 참고해야 할 감동적인 스토리다. 고객 경험은 단순한 마케팅 수사(修辭)가 아니라, 브랜드의 정체성과 직결되는 전략 자원이다. 또한 기업 문화가 경험을 만든다는 점에서, 조직 운영 방식 자체가 브랜드 가치의 일부가 된다. 아마존이 자포스를 인수하면서도 독립성을 존중한 이유가 바로 여기에 있다.

무신사, 커뮤니티에서 버티컬 원톱으로

소비자들은 자신이 속한 문화와 취향을 존중받고 있다는 감각, 브랜드가 자신과 함께 성장하고 있다는 경험에서 진정한 충성심을 느낀다. 미국의 자포스가 온라인 신발 유통이라는 좁은 카테고리에서 세계적 고객 경험 브랜드로 자리 잡았다면, 한국에서는 '무신사(MUSINSA)'가 패션 버티컬에서 유사한 궤적을 그려왔다.

무신사의 시작은 거창하지 않았다. 2001년, 스트리트 패션을 사랑하던 한 청년이 '무지하게 신발 사진이 많은 곳'이라는 뜻으로 만든 온라인 커뮤니티가 그 출발점이었다. 초기만 해도 단순한 정보 공유 게시판이었지만, 점차 스트리트 패션에 열광하는 젊은 층이 모여들었고, 커뮤니티는 자연스럽게 패션 문화의 허브로 성장했다. 이 시점에서 무신사는 단순한 거래 플랫폼을 넘어서, 소비자와 브랜드가 함께 대화하고 문화를 만들어가는 경험을 제공했다. 바로 이 지점에서 자포스의 "고객 행복 중심"과 맞닿아 있다.

커뮤니티가 활성화되면서 무신사는 2003년 온라인 스토어를 열었다. 다른 온라인 스토어와 달랐던 것은 입점 브랜드와 소비자 간의 소통을 촉진하고, 신진 디자이너들이 자신의 작품을 소개할 수 있는 무대를 마련한 점이다. 특히 2010년대 들어 한국의 스트리트 패션이 세계적으로 주목받으면서, 무신사는 '패션 신인 발굴의 등용문'이자 젊은 브랜드의 생태계로 자리매김했다. 이는 고객에게 '새로운 패션 문화를 함께 발견하고 성장시킨다'는 감각을 선사했다.

무신사의 가장 큰 성공 요인은 커뮤니티 DNA를 끝까지 유지했다는 점이다. 고객은 구매자이면서 한편 패션 문화를 함께 만들어가는 주체로 대우받았다. 실제로 무신사 스토어에는 리뷰를 넘어 '스타일링 후기', '코디 공유' 등이 활성화되어 있으며, 고객이 올린 콘텐츠가 다른 고객의 구매를 이끄는 선순환 구조가 형성되었다. 이처럼 UGC(User Generated Content)를 기반으로 한 경험 설계는 소비자에게 '내 취향이 존중받고 있다'는 감각을 제공했다.

이후 무신사는 자체 PB 브랜드 '무신사 스탠다드'를 출시해 기본 의류 시장에 뛰어들었다. 단순히 가성비가 좋은 제품을 판매하는 것이 아니라, 커뮤니티에서 축적한 고객 데이터와 피드백을 반영해 제품을 개선하고 라인업을 확장했다. 고객은 자신이 남긴 의견이 실제 제품에 반영되는 경험을 하며 더 깊은 애착을 형성했다. 이는 자포스가 고객 피드백을 즉각 서비스 개선에 반영했던 방식과 닮아 있다.

오프라인 경험 역시 강화되었다. 2019년 홍대에 개장한 무신사 테라스는 단순한 매장이 아니라 패션 전시와 팝업 스토어, 커뮤니티 이벤트가 어우러진 체험형 공간이었다. 이곳에서 고객은 온라인에서만 보던 브랜드를 직접 만나고, 신제품을 체험하며, 같은 취향을 공유하는 또래들과 어울릴 수 있었다. 온라인과 오프라인이 결합된 경험 설계는 브랜드 충성도를 한층 높였다.

무신사의 성장은 숫자로도 증명된다. 2022년 거래액은 2조 원을 넘어섰고, 국내 온라인 패션 플랫폼 중 압도적 1위를 기록했다. 그러나 더 중요한 것은 규모보다도 '없어서는 안 될 플랫폼'으로 자리 잡았다는 사실이다. 패션 브랜드 입장에서는 무신사 입점이 곧 시장 진입의 필수 조건이 되었고, 소비자 입장에서는 무신사에서 최신 트렌드를 확인하는 것이 일상이 되었다. 좁은 버티컬 시장이지만 그 안에서 사실상 독점적 지위를 확보한 셈이다.

무신사의 사례는 의미 있는 교훈을 던진다. 고객 경험은 규모의 문제가 아니다. 자포스가 신발이라는 한정된 카테고리에서 세계적 아이콘이 되었듯, 무신사 역시 패션이라는 세그먼트 안에서 압도적인 경험 가치를 제공함으로써 독보적 브랜드로 자리 잡았다. 핵심은 고객을 단순한 소비자가 아니라 문화와 경험을 함께 만들어가는 공동 설계자로 대우하는 것이다.

결국 무신사가 보여준 길은 모든 버티컬 기업에 통하는 메시지를 담고 있다. 좁지만 깊은 카테고리 안에서 고객 경험을 치밀하게 설계하고, 고객과 브랜드를 연결하는 생태계를 만들어낼 때 기업은 규모를 넘어서는 힘을 얻게 된다. 무신사는 커뮤니티에서 출발했지만, 이제는 국내 패션 시장의 원톱으로 자리 잡았다. 그것은 단순한 온라인 쇼핑몰의 성공이 아니라, 고객 경험을 문화로 승화시킨 결과다.

존중받는 감각과 기억의 힘

고객 경험은 단순히 부수적 마케팅 수단이 아니라, 브랜드의 정체성과 경쟁력을 규정하는 본질적 자산이다. 알핀은 팬을 단순 관람객이 아니라 팀 운영의 일부로 초대하며 경험을 자

   3부 성장 전략의 재정의

산화했고, 자포스는 거래의 순간을 넘어 감정적 유대와 감동을 통해 "행복을 파는 회사"로 자리 잡았다. 무신사 역시 커뮤니티 DNA를 끝까지 지켜내며 고객을 문화의 공동 설계자로 대우하고, 이를 기반으로 패션 버티컬 시장에서 원톱 자리를 차지했다.

이 세 기업은 속도의 경쟁에서 벗어나 경험의 깊이를 선택했고, 바로 그 지점에서 차별화와 지속가능성이 생겨났다. 오늘날의 시장에서 소비자는 더 이상 기능적 효용만을 추구하지 않는다. 자신이 존중받고 있다는 감각, 브랜드와 함께 성장하고 있다는 이야기, 그리고 특별한 순간에 남겨지는 기억을 원한다. 기업이 이를 설계할 수 있을 때, 고객 경험은 곧 브랜드 충성으로, 더 나아가 지속가능한 성장으로 전환된다. 결국 속도는 판매를 이끌지만, 경험만이 가치를 지속시킨다. 그리고 이 교훈은 F1 서킷에서든, 글로벌 유통 현장에서든, 한국의 온라인 패션 플랫폼에서든 변함없이 유효하다.

"어떤 일을 이루려면, 승산이 어떻든
마법을 부릴 준비가 되어 있어야 한다."
To achieve anything, whatever the odds,
you must be prepared to dabble in magic.
—아이르통 세나

25 스포츠와 브랜드가 만나는 순간

F1 그랑프리는 전 세계 수억 명의 팬을 겨냥한 궁극의 마케팅 플랫폼이다. 경기장의 스릴과 드라마는 체험 마케팅의 무대가 되며, 브랜드는 이 무대에서 협업 파트너로서의 경쟁력·혁신성·안전성·고급스러움을 선명하게 포지셔닝할 수 있다. 방대한 글로벌 중계망과 현장 관람객 데이터를 바탕으로 옴니채널 커뮤니케이션을 전개하면서 브랜드 자산을 강화하고, 팬들의 감성적 몰입을 통해 충성 고객을 창출한다. 이처럼 F1은 스폰서십과 코브랜딩을 결합해 단순한 광고를 넘어서 '경험을 설계하고 스토리를 전달하며 소비자 행동을 유도하는' 최적의 마케팅 무대로 기능한다.

스폰서십의 실효성: 레드불의 마케팅 플랫폼 전환 전략

오라클 레드불 팀은 단순한 레이싱 팀을 넘어 하나의 글로벌 브랜드 엔터프라이즈로 진화했다. 오라클 레드불 팀이 F1을 마케팅 플랫폼으로 활용해 성공을 거둔 핵심은 세 가지다. 콘텐츠 중심의 브랜드 확장, 기술·데이터 파트너십을 통한 차별화된 팬 경험, 그리고 팀 성과의 상업적 전환이다.

우선 레드불은 일찍부터 자체 미디어 역량을 준비해 '경기 그 이상의 이야기'를 만들어냈다. 레드룰의 미디어 부서가 제작하는 영상·다큐·이벤트 콘텐츠는 레이스 장면에 국한되지 않고 선수와 팀의 일상, 익스트림 스포츠 문화 전반을 브랜드 스토리로 엮어 전 세계 팬층을 넓혔다. 이러한 콘텐츠 전략은 단발성 광고가 아니라 지속적으로 브랜드 접점을 창출하며 소비자와의 감정적 유대를 강화했다.

기술 파트너십을 마케팅 자산으로 전환한 점도 돋보인다. 오라클과의 협업은 단순한 로고 노출을 넘어 팀의 '실시간 데이터 역량'과 팬 경험을 동시에 업그레이드했다. 클라우드 기반의 시뮬레이션·분석 인프라를 통해 트랙 전략을 고도화하는 한편, 개인화된 디지털 캠페인과 실시간 인터랙티브 경험을 구현해 스폰서십의 실효성을 높였다. 2022년 팀 명칭에 오라클을 공식 반영한 결정은 기술 제공자가 곧 팬 경험의 설계자가 될 수 있음을 상징적으로 보여준다.

또한 레드불은 '스포츠 성과 → 상업 가치'의 선순환을 만들어냈다. 트랙 위의 경쟁력은 미디어 노출·굿즈·호스피탈리티 공간의 가치를 끌어올리고, 챔피언십 성적은 자연스럽게 상업적 관심과 수익 증대로 이어진다. 경기력 향상에서 발생한 추가 수익은 팀 운영의 안정성과 더 큰 투자 여력을 낳고, 이는 다시 경기력 강화로 연결되는 선순환을 형성한다.

실행 관점에서 레드불 사례가 주는 교훈은 명확하다. 먼저 팀은 고유한 목소리를 가진 콘텐츠 생산자가 되어야 한다. 단순한 스폰서 로고 노출을 넘어 팬이 자발적으로 소비하고 공유할 만한 이야기를 꾸준히 만들어야만 비로소 충성도가 쌓인다. 둘째, 기술 파트너는 더 이상 단순 후원사가 아니다. 데이터와 클라우드 역량을 팬 경험에 결합하면 맞춤형 캠페인과 실측 가능한 성과 개선으로 스폰서십의 가치를 실질적으로 높일 수 있다. 마지막으로 경기 성과와 상업 활동은 별개의 영역이 아니라 상호 보완적 투자다. 트랙에서 쌓인 신뢰와 성과는 마케팅 메시지의 설득력을 배가시키고, 이는 다시 상업적 기회 확대와 수익 증대로 이어진다.

결국 오라클 레드불 팀의 성공은 F1을 단순한 '노출 매체'로 보지 않고, 팀 고유의 스토리와 기술적 강점을 결합한 마케팅 플랫폼 전략으로 설계한 데 있다. 트랙 위의 승리는 콘

텐츠와 데이터로 증폭되고, 이를 다시 상업적 기회로 연결함
으로써 F1이라는 거대한 무대에서 지속가능한 브랜드가치를
창출해냈다.

글로벌 브랜드들의 각축장, F1

F1은 단순한 스폰서 로고의 집합을 넘어, 브랜드가 '체험·스
토리·가치'를 설계해 팬과 깊게 연결될 수 있는 거대한 마케
팅 플랫폼이다. 트랙 위의 한순간 장면조차 전 세계 중계망과
현장 관중의 경험을 통해 확장되며, 브랜드는 그 무대 위에서
자신만의 서사를 구축하고 소비자 행동을 유도할 수 있다. 하
이네켄, 태그호이어, 오라클×레드불, BWT 등의 사례는 F1이
제공하는 단순 노출 그 이상의 가능성을 명확히 보여준다.

　　하이네켄의 'When You Drive, Never Drink' 캠페인은 단
순한 메시지 노출을 넘어 '체험'으로 메시지를 전환한 대표적
사례다. 드라이빙 시뮬레이터와 실제 머신 전시를 통해 관객
이 안전 운전이라는 주제를 직접 경험하도록 유도함으로써,
하이네켄은 '안전'의 권고자로 브랜드를 자리매김했다. 이때
중요한 점은 메시지의 일관성이다. 현장(체험존) → 중계(브랜
드 영상) → 굿즈·프로모션(구매 경로)까지 모든 접점에서 동일

한 이야기가 반복되었기 때문에 단발성 캠페인이 아닌 브랜드 인식의 변화로 이어질 수 있었다.

태그호이어는 모나코 그랑프리의 타이틀 스폰서로서 '럭셔리 서사'를 현장과 연계한 상품·이벤트로 구체화했다. 단순한 로고 노출 대신 현지 한정판 시계 출시, 셀럽 초청 이벤트, 고급스러운 스토리텔링 콘텐츠를 디지털 채널과 연계해 정밀함과 럭셔리라는 자신들의 브랜드 가치를 강화했다. 그 결과 매장 방문과 온라인 주문의 상승이라는 구체적 성과가 증명되었다. 브랜드와 이벤트 간 가치 일치가 얼마나 강력한 인식 전환을 만드는지를 보여준다.

오라클과 레드불의 협업은 데이터 기반 마케팅의 전형을 제시한다. 팬 행동 데이터를 실시간으로 분석해 세분화된 타깃에게 맞춤형 메시지를 전달하고, 몬테카를로식 시뮬레이션을 캠페인 예측에 활용함으로써 마케팅의 효율성과 예측 가능성을 높였다. 이 접근은 '데이터 → 개인화 → 실측 가능한 성과'로 이어지는 현대 마케팅의 핵심 경로를 그대로 드러낸다.

또한 BWT의 핑크 리버리(차량 도색)와 연계된 현장 이벤트는 ESG 메시지를 시각적으로 드러내는 동시에, 오프라인 참여 데이터를 수집해 디지털 리타깃팅으로 연결하는 옴니채널 실행의 모범을 보였다.

PGA를 무대로: 비비고와 CJ의 K-Food 마케팅

CJ그룹은 2017년부터 PGA 투어 무대와 연을 맺어왔고, 2023년 후반부터는 'THE CJ CUP Byron Nelson'이라는 타이틀 아래 텍사스의 전통 있는 대회와 장기 타이틀 스폰서십을 체결하며 미국 골프 시장에서 존재감을 확장해왔다. 이 무대에서 CJ의 글로벌 푸드 브랜드 'bibigo(비비고)'는 단순 로고 노출을 넘어 'K-Food 체험'과 'K-컬처 접점'을 중심으로 한 종합적 마케팅을 전개하며 글로벌 브랜드 인지도와 제품 접점을 빠르게 확장했다.

우선 비비고는 대회 현장을 '현지화된 K-푸드 축제'로 전환하는 데 집중했다. 대회장에 마련된 비비고 콘세션 스탠드는 관중에게 만두·비빔밥 등 대표 메뉴를 제공해 '경기 관람'이라는 맥락 속에서 자연스럽게 제품을 체험하도록 설계했다. 이러한 온-사이트 체험은 제품의 즉각적 시식·구매로 이어지는 동시에 SNS와 미디어를 통해 현장 분위기를 전파하는 효과를 냈다.

또 다른 중요한 축은 'House of CJ' 같은 문화·라이프스타일 공간이었다. 이 공간은 골프 관중을 대상으로 K-팝 공연, K-뷰티 체험, 한식·칵테일 시식 등 다면적 체험을 결합해 한국 문화를 종합적으로 소개하는 플랫폼 역할을 했다. 단순히 '음식'만 노출하는 것을 넘어 K-콘텐츠·뷰티 등 CJ의 다른 사업 포트폴리오와 연계함으로써 브랜드의 라이프스타일 이미지를 강화한 것이다. 이 같은 통합적 연출은 골프라는 고소득·비즈니스층 관객에게 한국 브랜드의 프리미엄 이미지를 전달하는 데 효과적이었다.

데이터·경험·프리미엄을 결합한 상업적 설계도 눈에 띈다. 대회 현장의 VIP 패키지·호스피탈리티와 연계한 프리미엄 굿즈, 한정 메뉴, 셰프 시연 및 셀럽 초청 이벤트 등은 단순 샘플링을 넘어 고부가가치 소비 경험을 창출했다. 특히 PGA 투어 특유의 기업 의사결정자나 고액 소비자 등 프리미엄 관객층을 겨냥한 체험형 마케팅은 브랜드의 '프리미엄 포지셔닝'과 고가 상품 전환 가능성을 동시에 높였다.

전략적 효과는 단기 홍보를 넘어 중장기적 브랜드 자산 축적으로 귀결됐다. 비비고의 이런 현지화·체험 중심 접근은 미국 소비자에게 'K-푸드=맛있고 현대적인 선택'이라는 인식 전환을 가져왔고, 학계에서도 CJ의 글로벌 전략(비비고 포함)은 사례 연구 대상으로 주목받았다. 〈하버드 비즈니스 스쿨(Harvard Business School)〉 등에서 다뤄진 사례는 CJ의 K-푸드 확장 전략과 스포츠·콘텐츠 연계 마케팅의 의미를 학문적으로도 입증해주었다.

CJ 사례는 스포츠 스폰서십의 핵심 가치가 단순한 노출을 넘어 현장 체험과 문화적 맥락의 결합에서 비롯된다는 점을 보여준다. 글로벌 시장에서의 현지화 성공 가능성은 제품 체험을 문화 콘텐츠로 확장하고, 이를 다시 프리미엄 체험으로 전환하는 순환적 구조를 설계했을 때 높아진다. 또한 푸드·뷰티·콘텐츠와 같은 이종 사업군 간의 크로스 포트폴리오 연계를 통해 브랜드 이미지를 통합적으로 확장하는 전략이 효과적인 것으로 평가된다. 이러한 관점에서 CJ의 비비고는 PGA 무대에서 해당 원리들이 유기적으로 구현된 사례로, K-푸드의 미국 진출에 있어 참고할 만한 벤치마크로 작용하고 있다.

스포츠 플랫폼의 글로벌 프리미엄

F1과 같은 스포츠 플랫폼은 단순한 광고 노출을 넘어 브랜드에 '글로벌 프리미엄'과 지속가능한 경쟁우위를 제공하는 거대한 마케팅 캔버스다. 경기의 스릴과 스타플레이어의 순간은 소비자의 감정을 즉시 자극하고, 그 감정적 몰입은 브랜드 메시지를 정보가 아닌 '체험'으로 각인시킨다. 팬들이 느끼는 공동체적 정체성은 브랜드 소속감과 충성도로 연결되며, 경기장·중계·소셜·모바일이 유기적으로 결합되는 옴니채널 경험은 그 연결고리를 반복적으로 강화한다. 또한 시즌 단위로

끊임없이 새로 쓰이는 서사는 단발성 캠페인을 넘어서 연중 지속가능한 스토리텔링을 가능하게 한다.

이러한 구조 속에서 브랜드는 단순히 '많은 사람에게 보이는 것'에 그치지 않고, '누구에게' 보이는지가 프리미엄 형성의 핵심임을 인식해야 한다. 고소득층·정책결정자·MZ세대 등 전략적 가치가 높은 관객층과의 접점은 즉각적인 이미지 전이를 일으키고, VIP 호스피탈리티나 한정판 상품처럼 희소성과 현장성을 결합한 경험은 브랜드의 상징적 지위를 강화한다. 여기에 스타플레이어·팀 스토리의 감정적 결속이 더해지면 브랜드는 공동체의 일부로 자리잡고, 고객들의 장기적 충성으로 이어진다. 더 나아가, 현장·중계·디지털 접점에서 수집된 데이터를 개인화된 오퍼와 VIP 상품으로 연결하면 프리미엄 이미지는 실질적 수익으로 전환될 수 있다.

결국 스포츠 플랫폼과의 협업은 단순한 노출 집행을 넘어 브랜드의 정체성과 고객 경험을 무대 위에서 설계하고 반복적으로 강화하는 전략적 자산이다. 플랫폼의 스펙과 브랜드 가치가 일치할 때만 프리미엄은 자연스럽게 스며들며, 잘 설계된 연중 스토리텔링과 데이터 기반의 개인화가 결합될 때 비로소 '글로벌 프리미엄'이 실질적 경쟁우위로 전환된다.

어떤 성공도 혼자 이룰 수 없다

책을 쓰는 일에는 생각보다 훨씬 더 많은 용기가 필요했다. 먼저 집필의 길에 들어서기까지 나는 여러 차례 스스로 다독여야 했다. 어느 날 출판사 편집실장과 나눈 대화에서 가진 호기심이 첫 시작이었는데, 막상 글을 쓰겠다고 나서고 보니 호기심에서 그치는 게 좋았겠다 싶었다. 출간을 전제로 한 글쓰기는 처음 생각한 것 이상 용감해져야만 했다. 그 용기는 지금까지 살아오며 겪은 그 어떤 어려움보다도 더 깊고 무거웠다. 그러니 흔들릴 때마다 지근거리에서 등을 떠밀어준 메디치미디어 편집실장과 신본부장, 그리고 대한자동차경주협회 옛 동료들의 따뜻한 지원이 없었다면 이 책을 메운 내용들은 아마도 내 컴퓨터 하드디스크 속에서 조용히 그 생을 마감했을 것이다.

나는 한동안 기업의 경영 현장과 모터스포츠 서킷을 오갔다. 겉으로 보기엔 전혀 다른 두 세계였지만, 속살은 놀라울 만큼 닮아 있었다. 트랙 위에서 순식간에 내려야 하는 단 한 번의 선택은 기업의 전략 회의에서 내리는 결단과 닮아 있었고, 피트의 치밀함과 속도감은 현장의 경쟁 리듬과 맞닿아 있었다. F1의 한 랩이 주는 긴장과 해석은 기업이 맞닥뜨리는 위기와 기회의 순간을 더 예리하게 읽도록 도와주었다. 그 과정에서 나는 '검시관'이 되어 지난날의 숱한 실패들과 마주하면서 차분히 해부하고 그 원인을 찾았다. 그 시간은 고통스러웠지만 동시에 치유였다. 실패는 단순한 흠이 아니라 다음 길을 가리키는 나침반이었다.

내가 만난 빛나는 사례들을 멋지게 옮기고 싶었지만 아직 스케치 능력은 턱없이 부족했고, 허약한 문맥들을 수없이 다듬어야 했다. 그래도 전하고 싶은 이야기들이 있어 계속 나아갈 수 있었다. 15년간 기업 경영진으로서의 경험과 대한자동차경주협회장 5년의 경험이 책의 뼈대를 이루었지만, 뼈대만으로는 온전한 이야기가 되지 않았다. 디테일을 들여다보고, 전문가들의 흔적을 찾아다니며 그들이 흘린 땀과 희망을 읽어내야 했다.

모터스포츠는 '위험이 없는 세상'이라는 환상을 믿지 않는다. 대신 위험을 계산하고, 통제하고, 때로는 기회로 바꾸는 지혜를 찾아 나선다. 트랙 위의 위험은 피해야 할 장애물이 아니라 설계의 일부다. 기업 경영 역시 마찬가지다. 위험을 외면하지 않고 설계의 변수로 끌어들여 학습과 성장을 촉발하는 것, 그것이 지속가능한 시스템을 만든다. 나는 이 책에서 그 사례와 통찰을 최대한 정직하게 담으려 했다. 영광의 순간만을 편집하지 않고, 독자들의 공감을 더 이끌어내기 위해 숨겨진 좌절과 재기의 기억까지 함께 싣고자 노력했다.

이 긴 여정에서 내가 깨달은 가장 큰 진실은, '혼자'는 불가능하다는 것이다. 영암 서킷에서 함께 땀 흘린 동료들, 밤낮을 가리지 않고 대회를 준비한 자원봉사자들, 뜻을 모아준 전문가들, 그리고 출판의 길잡이가 되어 준 편집자와 관계자들. 그 모든 손길이 없었다면 이 책은 세상에 나오지 못했을 것이다. 여기서 그들의 이름을 모두 적을 수는 없지만, 이 책 속에는 그들의 목소리와 발자국이 고스란히 새겨져 있다. 독자들이 어떤 문장을 붙들든, 그 문장 뒤에 수많은 손길이 있음을 기억해주면 좋겠다.

집필은 나와 가족 사이의 신뢰이기도 했다. 집필 기간 동안 함께 놀아주지 못한 세 살배기 손자 지원의 맑은 웃음은 나에게 가장 큰 채찍이자 위로였다. 사랑하는 가족들의 묵묵한 지지가 아니었다면 이 길을 끝까지 걸어갈 수 없었을 것이다. 이 책의 마지막 문장은 그들에게 바치는 감사로 닫고 싶었다.

그리고 이 책을 읽는 독자들에게 마지막으로 한마디를 전하고 싶다. 우리는 각자의 서킷을 달리고 있다. 누군가에겐 직장이, 누군가에겐 가정이, 또 다른 누군가에겐 한 권의 책이 그 서킷일 것이다. 속도만큼 중요한 것은 방향이다. 때로는 페이스를 조절하고, 때로는 전력 질주를 선택하며, 무엇보다 실패를 두려워하지 않기를 바란다. 실패는 우리를 멈추게 하는 것이 아니라, 더 나은 선택과 결단, 행동을 찾도록 이끄는 신호다.

이 책은 나에게 끝이 아니라 시작이다. 여전히 비어 있는 구석이 많고, 그 빈칸은 독자들의 경험과 지혜로 채워졌으면 좋겠다. 그렇다면 이 이야기는 진짜 완성에 가까워질 것이다. 서킷의 엔진 소리가 멀어지면, 나는 다시 창가에 앉아 다음 질문을 준비할 것이다. "다음엔 어디로 달릴 것인가?"

끝으로, 이 길에 함께해준 모든 분께 깊이 감사드린다. 서툰 문장이지만 진심을 다해 썼다. 부디 이 책이 누군가의 용기가 되고, 누군가의 성찰이 되기를 바라는 마음으로.

1부 리스크 경영의 기술

1 제어할 수 없는 것은 속도가 아니다

① F1(Formula 1)

1950년에 시작해 전 세계를 순회하며 개최되는 국제적 모터스포츠 대회로 1인승 경주용 자동차 대회 중 최상위 등급이다. F1은 Formula 1의 약자로 'Formula'는 자동차의 설계·성능·안전 등에 관한 규칙을 의미하고, '1'은 최고 수준의 경주임을 나타낸다. 포뮬러 레이싱에는 F1부터 F5에 이르기까지 다양한 등급의 레이스가 있으며, 최상위급 대회로는 F1과 전기차 기반의 포뮬러 E 등이 있다. 월드컵·올림픽과 함께 세계 3대 스포츠 이벤트로 꼽힌다.

② F1 머신(F1 machine)

'최대한의 속도와 그 속도에서의 신뢰성'을 목적으로 설계된 고성능 경주차. 단순한 자동차가 아니라 공기역학·구조·열역학·전력 시스템·전자 장비·소프트웨어 등이 결합된 초정밀 시스템이다. 따라서 일상적 의미의 '자동차'보다 공학적·기계적 성격이 강조되는 '머신'이라는 표현을 더 자주 사용한다.

③ G-force(중력가속도)

물체의 운동으로 발생하는 가속도로 특히 지구 중력 가속도에 대한 상대적 힘을 나타낸다. 1G는 지구 표면의 표준 중력(약 9.8 m/s²)에 해당하는 가속도로 정의된다. G 값이 클수록 더 강한 가속도가 작용한다. '4G-6G'는 중력가속도(g)의 4배에서 6배에 해당하는 가속도를 차량이나 운전자가 순간적으로 경험한다는 뜻으로, 평상시 체중의 4배에서 6배에 해당하는 '체감 중력'을 의미한다.

④ V6 터보 하이브리드 엔진

실린더 6개가 V자형으로 배열된 V6 내연기관에 터보차저와 전기 구동 및 에너지 회수 장치를 결합한 구동계. 터보차저는 배기가스 에너지를 이용해 흡입 공기를 압축하여 출력과 토크를 높이고, 전기모터(배터리·전력전자)는 회생에너지를 저장·재사용하거나 순간 출력을 보강하여 효율과 가속 성능을 동시에 향상시킨다.

⑤ 랩타임(Lap time)

서킷 한 바퀴를 도는 데 걸린 시간으로, 스타트/피니시 라인을 통과한 순간부터 다음번 같은 라인을 다시 통과할 때까지의 경과 시간을 말한다. 초 단위(예: 1분 22.345초)로 표기되며, 일반적으로 여러 섹터(대개 3개)로 나뉜 구간들의 합으로 측정된다. 각 섹터 타임의 합이 최종 랩타임을 결정한다. 타이어 상태·연료량·트랙 기상 조건·교통·차량 셋업·DRS나 슬립스트림 같은 공기역학적 이점 등 여러 요소가 랩타임에 영향을 미친다.

⑥ 서킷(Circuit)

자동차 경주용으로 설계·운영되는 폐쇄형 도로·트랙으로, 차량이 출발선(스타트)/결승선(피니시)을 기준으로 반복 주행하며 경쟁을 벌이는 경기 장소다. 주요 구성 요소는 트랙 레이아웃(코너·스트레이트·길이), 피트 레인 및 피트 건물(피트스탑 수행 장소), 패독(팀 차고·정비 구역), 관중석(그 랜드스탠드), 안전 설비(런오프·타이어 배리어·TecPro 등), 타이밍·타워 설비 (스코어보드·타임키퍼), 통제·서비스 접근로(구급·경찰·마샬 동선) 등이다.

⑦ 텔레메트리(Telemetry)

자동차 경주에서 텔레메트리는 차량에 장착된 각종 센서가 측정한 물리량을 실시간 또는 기록형태로 전송·저장하여 원격지(팀의 피트·전략실)에서 모니터링하고 분석하는 데이터 전송·관리 시스템이다.

⑧ 소셜커머스(Social commerce)

소셜미디어 플랫폼(예: 페이스북, 인스타그램, 카카오톡 등)과 전자상거래 기능을 결합해 소비자 간의 소셜 인터랙션(추천·리뷰·공유)과 플랫폼 내 구매 동작을 통해 상품·서비스를 거래하도록 설계된 전자상거래 형태다.

⑨ 모바일커머스(Mobile commerce)

스마트폰·태블릿 등 모바일 기기를 통해 상품이나 서비스를 검색·선택· 결제하고 배송·이용까지 이루어지는 전자상거래의 한 형태다. 언제 어 디서나 접근이 가능하며 개인화와 즉시성에 강점이 있다. 작은 화면과 터치 인터페이스에 맞춘 직관적 설계와 결제 단순화가 핵심 요소다.

2 균형을 무너뜨리는 속도의 함정

① 런오프 구역(Run-off area)

드라이버의 안전을 위해 트랙 경계와 벽 사이에 만들어진 공간. 차량이 트랙을 이탈했을 때 속도를 줄이고 벽에 직접 충돌하는 것을 막아 피해를 최소화하며, 다시 트랙으로 안전하게 복귀할 수 있도록 한다. 자갈,

인조 잔디, 아스팔트 등 다양한 재질로 구성되며, 드라이버의 안전과 함께 차량의 과도한 손상 방지에 기여한다.

② 포디엄(Podium)

경주 후 1~3위를 차지한 드라이버가 오르는 시상대. 트랙 위에 설치된 3단 단상(1위·2위·3위용)으로 구성된다. 흔히 포디엄 세리머니는 우승자의 국가 연주(또는 대회 음악) → 트로피 수여(1·2·3위 순) → 공식 포토타임 및 인터뷰 → 샴페인 세리머니 등으로 구성된다.

③ 오버런(Over run)

코너 진입 시 제동이나 방향 조정 타이밍을 놓쳐 의도한 레이싱 라인이나 코너를 지나치며 트랙 밖(런오프 구역)으로 이탈하거나 속도를 충분히 줄이지 못하는 현상. 늦은 제동, 과도한 진입 속도, 타이어 그립 저하, 노면 변화(젖음·먼지) 등이 오버런의 주요 원인이다. 오버런이 발생하면 랩타임 손실, 차량 손상, 타이어·브레이크 과열, 재진입 시 위치 손실 등으로 이어지며, 심한 경우 페널티가 부과될 수 있다.

④ 피트스톱(Pit stop)

F1 경기 중 차량이 타이어 교체·수리·드라이버 교체·페널티 이행 등을 위해 피트(지정된 정차 구역)에 일시적으로 정차하는 행위. 피트스톱 중 특히 타이어 교체는 레이스 전략과 결과에 미치는 영향이 결정적일 만큼 경기의 핵심 요소로 꼽힌다. 피트 레인 속도 위반, 안전하지 않은 릴리즈(다른 차량 방해), 장비 파손 등은 페널티나 시간 손실로 이어지므로, 신속하면서도 정확한 팀워크와 엄격한 절차 준수가 필수다.

⑤ 세이프티카(Safety car)

트랙이 정상적인 레이스를 진행하기에 위험하다고 판단될 때, 사고 수습을 위해 출동하여 모든 F1 차량의 속도를 제한하고 트랙을 선도하는 차량. 세이프티 카는 사고, 차량 파편, 악천후 등으로 인해 트랙이 위험할 때 투입되어 레이스를 안전하게 재개하기 위한 임시 조치다.

⑥ 브레이킹 포인트(Braking point)

코너 진입을 위해 드라이버가 제동을 시작하는 트랙 상의 특정 지점. 시각적 마커(케이블, 표지판, 노면 표시), GPS 데이터, 또는 드라이버의 감각에 의해 설정되며, 랩타임과 안정적인 코너 진입에 직접적인 영향을 미친다. 너무 늦게 제동하면 오버런·런오프로 이어지고, 너무 일찍, 강하게 제동하면 랩타임 손실이나 타이어 과열을 초래한다.

3 느린 차도 빠르게 만드는 전략

① 타이어 종류

F1 경주에서 쓰이는 타이어는 노면·기상·전략에 따라 건조용 슬릭(slick), 반젖음용 인터미디어트(intermediate), 강우용 풀 웨트(full wet)로 구분되며, 각 타입은 소프트·미디엄·하드 등 서로 다른 컴파운드로 제공되어 그립·마모·내구성 특성이 달라진다. 타이어의 종류·컴파운드 선택과 예열·공기압·셋업 관리는 랩타임·피트스톱·레이스 전략에 직접적인 영향을 미치는 핵심 요소다.

② 언더컷(Undercut) / 오버컷(Overcut)

언더컷은 상대보다 먼저 피트스톱하여 더 새로운 타이어를 장착하고, 그 이점을 활용해 상대보다 앞서는 레이스 전략이다. 주로 더 늦게 피트스톱 하는 상대보다 빠른 랩을 돌며 랩타임을 단축하여 순위를 높이는 데 사용된다. 한편 오버컷은 상대보다 더 오래 트랙에 머물러 피트스톱 후 더 새 타이어를 사용해 앞지르는 전략으로, 앞 차가 피트인을 먼저

하는 동안, 나중에 피트인하는 드라이버는 더 신선한 타이어로 트랙에 복귀하여 기존의 타이어 마모로 속도가 떨어진 경쟁자를 추월하는 방식이다.

③ 디지털 트윈(Digital twin)

현실 세계의 사물, 시스템, 또는 프로세스를 가상 세계에 동일하게 복제한 디지털 복제본. 실시간 데이터를 통해 실제 상태를 반영하고, 시뮬레이션을 통해 결과를 예측하여 의사결정과 운영 효율성 향상을 지원하는 기술이다. 이 가상 모델은 센서 데이터를 기반으로 업데이트되어 실제 물리적 대상의 동작을 모니터링하고, 잠재적인 문제를 미리 예측하며, 최적의 운영 방안을 찾는 데 활용된다.

4 만족은 곧 추락의 서막

① 레드 플래그(Red flag)

트랙에 심각한 사고, 폭우, 또는 다른 위험 요소가 발생하여 레이스를 완전히 중단해야 할 때 사용하는 신호. 레드 플래그가 표시되면 모든 드라이버는 즉시 속도를 줄이고 피트로 진입하거나 트랙의 지정된 장소에 멈춰야 한다. 상황 정비가 완료되면 레이스가 재개되거나(정해진 방식으로 재출발) 상황에 따라 경주 자체가 종료될 수 있다.

② LTV(Lifetime Value: 고객생애가치)

한 명의 고객이 기업과 관계를 유지하는 전 기간에 걸쳐 창출할 것으로 예상되는 총 수익 또는 이익. LTV는 고객 만족도와 충성도를 높여 장기적인 수익을 창출하기 위한 마케팅, 영업, 고객 서비스 전략을 수립하는 데 중요한 지표로 활용된다.

① 피트 월(Pit wall)

포뮬러 1 레이스 트랙의 피트 레인 앞에 위치하여, 팀의 레이스 엔지니어, 전략가 등 핵심 인력들이 모여 드라이버와 실시간으로 통신하며 전략을 세우고 경기를 운영하는 구역. 각종 데이터와 라디오 교신을 통해 실시간으로 작전을 결정하며, 드라이버의 차량 상태 점검과 타이어 교체 타이밍 조절 등 경기의 전반적인 운영을 책임지는 지휘본부다.

② 불규칙 제동(Erratic braking)

주행 중에 예상보다 갑작스럽게 브레이크를 밟거나 반복적으로 브레이크를 강·약하게 밟아 뒤차가 대응하기 어렵게 만드는, 예측 불가능한 제동 행위. 특히 세이프티카 발동 이후 재출발 과정처럼 차량이 촘촘히 붙어 있을 때 불규칙한 제동은 뒤따르던 차량의 충돌 위험을 높이고 안전을 위협한다. 스튜어드(심판)는 온보드 영상·텔레메트리(브레이크 압력·속도 기록)·주변 차량의 증언 등을 보고 '의도적 브레이크 테스트'나 '위험한 속도 변동'으로 판단하면 시간벌칙(예: 5초 등)을 부과한다.

③ 피트인(Pit-in)

경주 중 차량이 서킷 주행 경로에서 피트레인으로 진입하는 행위. 팀의 정비 인원들이 대기하는 피트 박스에 들어가 타이어 교체, 연료 보급, 간단한 수리 등을 받는 과정의 시작을 뜻한다. 이는 레이스 중 전략적으로 중요한 요소이며, 규정에 따라 최소 한 번의 피트스톱이 의무화되어 있다.

④ 컴파운드(Compound)

F1 타이어의 고무 재료 성분을 의미하며, 타이어의 겉면에 표시된 색상

(소프트, 미디엄, 하드)으로 구분된다. 이 성분은 타이어의 그립력과 내구성을 결정하며, 각 레이스마다 피렐리에서 C0~C5 등 다양한 종류의 컴파운드를 공급하고, 팀은 이 컴파운드를 조합하여 타이어를 선택한다. 소프트 타이어는 가장 부드러운 고무 성분으로, 초반 그립력이 높지만 내구성이 떨어지며, 노란색 글씨로 표시되는 경우가 많다. 하드 타이어는 가장 딱딱한 고무 성분으로, 초반 그립력은 떨어지지만 내구성이 높고, 회색 글씨로 표시되는 경우가 많다. 미디엄 타이어는 소프트와 하드의 중간 성분으로, 소프트와 하드 사이의 그립력과 내구성을 가진다.

⑤ 퀀텀 점프(Quantum jump)

물리학에서 전자가 에너지를 흡수하거나 방출할 때 불연속적으로 다른 궤도로 도약하는 현상을 부르는 말. 경제학 등에서는 기업이나 산업이 단기간에 혁신을 통해 기존의 틀을 깨고 비약적으로 성장하고 발전하는 것을 비유하는 용어로 사용된다. 점진적인 발전이 아닌, 단번에 큰 도약을 이루는 '대약진'의 의미를 갖는다.

6 피니시 라인은 끝이 아니다

① ERS(Energy Recovery System)

에너지 회수 시스템. 차량이 브레이크를 밟거나 배기열을 이용할 때 버려지는 에너지를 전기 에너지로 변환하여 배터리에 저장하고, 필요할 때 다시 동력원으로 사용하는 기술이다. 2014년 V6 터보 엔진 도입과 함께 기존의 KERS보다 발전된 형태로 도입되어, 운동 에너지뿐만 아니라 열 에너지까지 회수하여 더 높은 출력과 효율을 낼 수 있게 한다. KERS(Kinetic Energy Recovery System)는 운동 에너지 회수 시스템을 의미하며 브레이크 시 발생하는 운동 에너지를 회수하는 장치다.

② 피트크루(Pit crew)

레이스 중 피트스톱에서 타이어 교체, 장비 정비 등 1/1000초를 다투는 작업을 수행하는 팀원들을 의미한다. 20명 내외의 인원으로 구성되며, 정확하고 빠른 피트스톱을 통해 경기의 승패에 결정적인 영향을 미친다. F1은 드라이버 한 명에게만 의존하는 경기가 아니며, 피트크루는 팀워크를 통해 차량의 성능을 최상으로 유지하고 레이스 중 발생할 수 있는 변수에 대처하는 역할을 담당한다.

③ FIA(Fédération Internationale de l'Automobile)

프랑스어로 국제 자동차 연맹을 부르는 말. 자동차 이용자와 관련 단체를 대변하는 비영리 단체로 1904년에 설립됐다. 모터스포츠의 세계 기구이자 도로 안전 및 교통 순환 분야에서 자동차 관련 단체의 이익을 옹호한다. F1을 비롯해 네 바퀴 이상의 모든 모터스포츠를 관장하며, F1의 기술 규정과 레이스 운영을 총괄적으로 관리한다.

④ 페이스메이커(Pacemaker)

육상이나 수영 등의 장거리 스포츠에서 다른 선수의 속도를 조율하며 대회에서 좋은 기록을 낼 수 있도록 만드는 보조자를 일컫는다. 자동차 경주에서 페이스메이커는 팀 전략의 일부로 초반·일정 구간에 앞서서 일정한 페이스를 유지해 주력 차량의 연료·타이어 소비를 절감시키거나, 상대의 레이스 리듬을 교란하고 팀에 유리한 상황을 조성하는 역할을 한다.

7 승패를 가르는 2초의 예술

① 스프린트 훈련

근력, 속도, 협응력을 향상시켜 최대 속도를 높이는 훈련. 훈련 방법으로는 웨이트트레이닝, 플라이오메트릭 훈련, 언덕 스프린트 등이 있으며,

코어근육 강화, 스타트 자세 교정, 보폭과 보폭 빈도 조절이 중요한 요소다.

② 컴플라이언스(Compliance)

기업이나 개인이 법규, 규정, 사회적 규범, 윤리 기준 등을 준수하는 것을 의미하며, 이를 위한 내부통제 시스템이나 프로그램을 가리키기도 한다. 기업은 컴플라이언스를 통해 법적 리스크를 예방하고, 윤리 경영을 실천하며, 회사의 명성과 신뢰도를 높이는 등 지속가능한 성장을 추구한다.

③ ERP(Enterprise Resource Planning)

전사적 자원 관리를 의미하며, 기업의 재무, 회계, 인사, 생산, 판매 등 핵심 업무 프로세스를 하나의 시스템으로 통합하여 관리하는 소프트웨어 시스템이다. 이를 통해 기업은 부서 간 데이터를 공유하고 업무 효율성을 높여 신속하고 합리적인 의사결정을 내릴 수 있다.

④ 거버넌스(Governance)

기업 경영에서 의사결정 방식과 통제 체계를 의미하며, 이사회, 경영진, 주주, 직원 등 다양한 이해관계자들의 관계 및 책임을 정의하는 법적, 제도적, 문화적 시스템을 부르는 말. 기업이 투명하고 책임감 있게 운영되어 지속가능한 성장을 달성하도록 돕는 핵심적인 역할을 의미한다.

⑤ 핀테크(FinTech)

금융(Finance)과 기술(Technology)의 합성어로, 모바일, 빅데이터, 인공지능(AI) 등의 첨단 IT 기술을 활용해 금융서비스와 산업을 혁신하는 분야를 말한다. 핀테크는 기존 금융 서비스의 불편함을 해소하고, 편리하고 효율적인 금융 경험을 제공하며, 송금·결제, 자산 관리, P2P 대출 등 다양한 분야에서 서비스를 제공한다.

2부 지속가능한 경영 리더십

8 성공보다 성장을 택한 '소니 헤이스'의 리더십

① 메카닉(Mechanic)

F1 경주차의 조립, 정비, 분석을 담당하는 기술 인력. 드라이버의 기량만큼이나 중요한 역할을 수행하는 F1의 '숨은 영웅'으로, 머신의 성능을 최상으로 유지하고 경주 도중 발생하는 문제를 해결한다. 각 팀 드라이버 1명당 보통 14명 정도의 메카닉이 편성된다. 엔지니어의 설계와 드라이버의 요구를 물리적으로 구현·수리·정비하는 사람으로, 이중 피트 크루는 고도로 훈련된 메카닉의 특수 역할이다.

② 컨스트럭터(Constructor)

경주용 자동차를 설계하고 직접 제작하여 F1 경기에 참가하는 팀을 부르는 말. 컨스트럭터 팀은 한 시즌 동안 자신들이 보유한 두 대의 레이스카가 획득한 모든 포인트를 합산하여 컨스트럭터 챔피언십 순위를 결정하고, 가장 많은 포인트를 얻은 팀이 월드 컨스트럭터 챔피언이 된다. 컨스트럭터는 단순히 경주에 참가하는 것을 넘어, F1에서 사용되는 레이스카를 직접 설계하고 제작하는 핵심적인 역할을 담당한다.

③ 해커톤(Hackathon)

'해킹(hacking)'과 '마라톤(marathon)'의 합성어로, 정해진 시간 동안 기획자, 개발자, 디자이너 등이 한 팀을 이루어 특정 주제에 대한 아이디어를 내고 프로토타입(시제품)을 개발하는 행사다. 제한된 시간 내에 아이디어 발상부터 실제 서비스 개발까지 단기간에 집중적으로 진행하며, 아이디어를 실제로 구현하여 결과물을 만들어내는 것을 목표로 한다.

④ 온프레미스(On-premise)

기업이나 기관이 클라우드와 같은 외부 서비스가 아닌, 자체적으로 IT 인프라를 소유하고 내부 시설에 직접 설치하여 운영하는 방식. 서버, 소프트웨어, 네트워크 등 모든 IT 시스템을 자체적으로 구축하고 관리하며, 내부 IT 부서가 이를 직접 유지·보수하는 것이 특징이다.

⑤ SaaS(Software as a Service)

서비스형 소프트웨어의 약자로 소프트웨어를 직접 구매하여 설치하는 대신 인터넷을 통해 클라우드에서 제공받는 소프트웨어 서비스 모델이다. 사용자는 별도의 설치나 관리가 필요 없이 웹 브라우저나 앱을 통해 소프트웨어에 접속하여 사용하고, 공급업체가 소프트웨어의 유지보수, 업데이트, 서버 관리를 책임지며, 일반적으로 월별 또는 연간 구독 방식으로 비용을 지불한다.

9 경쟁의 한계를 넘어, 움트는 협력

① GP2(Grand Prix 2)

주로 포뮬러 원(F1)의 하위 클래스인 모터스포츠 대회를 지칭하는 용어로, F1으로 진출할 드라이버를 위한 디딤돌 역할을 했다. 2017년 F2(FIA Formula 2 Championship)로 리브랜딩 되면서 현재는 GP2 시리즈의 이름을 사용하지 않는다.

② 유니콘(Unicorn) / 데카콘(Decacorn)

상장하기 전에 이미 높은 기업가치를 지닌 희귀한 기업을 부르는 말로,

유니콘은 기업가치 10억 달러 이상의 비상장 스타트업을, 데카콘은 10배 더 높은 가치인 100억 달러 이상의 기업가치를 지닌 스타트업을 뜻한다. 상상 속 동물 '유니콘'에서 유래하며, 데카콘은 10을 뜻하는 접두사 '데카(deca)'가 붙은 것이다.

③ 피벗(Pivot)

'축을 중심으로 회전하다' 또는 '중심축'이라는 뜻을 가진 단어로, 농구에서 한 발은 고정하고 다른 발로 방향을 바꾸는 동작을 의미한다. 비즈니스나 행정에서 사업이나 정책, 전략 등의 방향을 근본적으로 바꾸는 것을 부르는 말로 사용한다.

④ 린 워크숍(Lean workshop)

린(Lean) 방법론을 적용하여 업무나 프로젝트에서 낭비를 제거하고 효율성을 극대화하기 위해 진행하는 활동. '린(Lean)'은 군살이 없고 효율적인 상태를 의미하며, 린 워크숍에서는 아이디어 구체화, 문제 해결, 프로세스 개선 등 다양한 목적을 달성하기 위해 참여자들이 협력하여 짧은 시간 안에 집중적으로 해결책을 찾고 실행 계획을 수립한다.

10 자율적인 의사결정의 힘

① 포포이징(Porpoising) 효과

F1 차량이 고속 주행 시 지면 효과(Ground Effect)로 인해 발생하는 공기역학적 현상으로, 차량이 앞뒤로 튀어 오르는 것을 반복하며 돌고래(Porpoise)가 수면 위로 솟아오르는 모습과 비슷하여 붙여진 이름이다.

② 그라운드 이펙트(Ground effect)

F1과 같은 모터스포츠에서 차량이 땅에 가까워질 때 발생하는 공기역학

적 힘을 의미하며, 2022년부터 차량 바닥의 디자인에 그라운드 이펙트 원리를 활용한 엄격한 규정이 적용된다. 이 규정은 디퓨저와 윙렛의 크기 및 위치를 제한하여 모든 팀이 동등하게 경쟁할 수 있도록 하고, 과도한 성능 향상과 안전 문제를 방지하는 것이 목적이다.

③ 다운포스(Downforce)

차량이 고속으로 주행할 때 공기역학적 원리에 의해 차량 아래로 작용하는 힘으로, 비행기가 뜨는 힘인 양력과 반대되는 방향의 힘이다. 이 힘은 타이어의 접지력을 높여 차량을 더욱 안정적으로 지면에 붙잡아 두는 역할을 하며, 특히 코너링 시 차량의 속도와 안정성을 높이는 데 중요한 역할을 한다. F1에서는 뒤집힌(airfoil) 윙, 차량 하부의 그라운드 이펙트(underbody/diffuser), 바디 주변의 소용돌이 등이 조합돼 엄청난 다운포스가 만들어진다.

④ 포스트모템(Postmortem)

IT나 비즈니스 분야에서 프로젝트나 시스템에서 발생한 문제, 실패, 또는 장애를 철저히 분석하고, 이를 통해 교훈을 얻어 재발을 방지하는 과정을 부르는 말. 부검(검시)에 비유될 수 있으며, 단순히 실패의 원인을 파악하는 것을 넘어 사건의 개요, 해결 과정의 타임라인, 근본 원인, 영향, 그리고 재발 방지를 위한 구체적인 조치 항목까지 기록하고 공유하는 문서 기반의 프로세스다.

⑤ SLO(Service Level Objective)

서비스 수준 목표. 시스템이 특정 기간 동안 달성해야 하는 서비스의 신뢰성과 가용성 목표 값을 말한다. 즉, 운영팀이 내부적으로 관리하기 위해 서비스의 품질과 신뢰성을 보장하고자 설정하는 구체적인 지표의 목표치다.

⑥ NPS(Net Promoter Score)

순 고객 추천지수. 고객이 제품이나 서비스를 다른 사람에게 추천할 의향을 묻는 설문을 통해 고객 충성도를 측정하는 핵심 지표다. 이 점수는 -100점에서 +100점까지의 범위로 나타나며, 높은 점수일수록 고객 충성도가 높다는 것을 의미한다.

⑦ 스쿼드·트라이브·챕터 모델

스포티파이(Spotify)에서 시작된 애자일(Agile) 조직 모델로, 사용자 중심의 자율적인 팀 운영을 목표로 한다. 스쿼드(Squad)는 하나의 제품 기능을 책임지는 독립적인 미니 스타트업 팀이며, 트라이브(Tribe)는 특정 제품 영역을 담당하는 여러 스쿼드들의 모음이고, 챕터(Chapter)는 동일한 직무 전문가들이 모여 지식과 경험을 공유하는 조직이다. 이 모델은 부서 간 장벽을 허물고, 팀의 자율성과 협업을 높여 신속하고 효율적인 제품 개발을 추구한다.

11 리더십이 방향을 잡고 문화가 엔진을 돌린다

① 노블레임(No-Blame) 문화

문제가 발생했을 때 특정 개인이나 집단을 비난하기보다, 그 원인을 분석하고 재발 방지 방안을 모색하여 조직 전체가 학습하고 성장하는 것을 목표로 하는 문화. 실패를 개인의 잘못으로 치부하는 대신, 시스템적 문제로 인식하고 개선하려는 조직의 노력을 의미한다.

② 디브리핑(Debriefing)

어떤 임무나 활동, 사건 등이 끝난 후에 참여자들이 경험했던 내용을 이야기하고 검토하여, 사건에 대한 질서와 의미를 찾고 배우는 과정. 이 과정을 통해 얻은 경험을 바탕으로 문제점을 파악하고, 앞으로 나아가야 할 방향을 설정하며, 심리적으로 회복하고 다음 활동을 준비한다.

③ 로컬 이코노미(Local economy)

지역 고유의 특산물, 문화, 자원 등을 활용해 상품과 서비스를 만들고 소비하며 지역 경제를 활성화하는 활동. 단순히 지역 상품을 소비하는 것을 넘어, 지역의 특색과 가치를 담아내어 소비자들에게 특별한 경험을 제공하고, 나아가 지역 경제의 선순환을 이끌어내는 비즈니스 모델이자 문화 트렌드의 의미가 있다.

12 실패는 종말이 아닌 성장의 본질이다

① 회복탄력성(Resilience)

예상치 못한 실패, 스트레스, 역경 등 어려운 상황에 직면했을 때 좌절하지 않고 다시 심리적 균형을 되찾아 적응하고 성장하는 능력.

② SF1000

페라리 팀이 2020년 F1 시즌에 사용한 차량으로, 스쿠데리아 페라리가 F1 역사상 처음으로 1,000번째 그랑프리 출전을 달성한 것을 기념하여 'SF1000'이라고 명명했다.

③ SF21

페라리 팀의 2021년 시즌 머신(레이스카).

④ 카본 브레이크(Carbon brake)

탄소섬유(카본)나 탄소복합재료를 사용하여 만든 브레이크로, 주로 F1 레이싱카, 고성능 스포츠카, 고속열차, 항공기 등 강력한 제동 성능과 높은 내열성이 요구되는 분야에 사용한다. 탄소섬유와 세라믹 재료를 섞어 만든 카본 세라믹 브레이크가 대표적이며, 높은 마찰력과 안정적인 성능을 제공한다.

⑤ 폴 포지션(Pole position)

모터스포츠에서 출발선 맨 앞에 위치한 차량 또는 선수. 경마에서 유래한 용어로 가장 안쪽 자리를 나타내는 기둥 옆에 위치한 데서 비롯되었다. 주로 예선(퀄리파잉) 기록이 가장 좋은 드라이버가 본선 레이스에서 가장 앞자리에서 출발하며, 매우 유리한 위치로 간주된다.

13 디브리핑은 또 다른 출발 신호

① UI/UX

사용자 인터페이스(UI)와 사용자 경험(UX). 둘은 서로 다른 개념이지만 함께 사용되는 경우가 많다. UI는 사용자가 제품과 직접 상호작용하는 시각적 요소(버튼, 레이아웃 등)를 디자인하는 반면, UX는 사용자가 제품을 사용하면서 느끼는 전반적인 만족도와 경험을 디자인한다. UI는 UX를 실현하는 수단이고, UX는 사용자 중심의 디자인을 통해 제품 사용의 전체적인 경험을 개선하는 것을 목표로 한다.

② 파일럿 프로젝트(Pilot project)

대규모 프로젝트나 서비스를 본격적으로 시작하기 전에, 제한된 범위와 소규모 집단을 대상으로 기술의 실현 가능성을 검증하고 예상되는 문제점을 미리 파악하여 수정, 보완하는 예비적 테스트나 시험적 실행을 부르는 말. 잠재적인 장애물을 발견하고 프로젝트의 성공 가능성을 높이기 위해 실행하며, IT 분야뿐 아니라 다양한 산업과 연구에서 활용된다.

① 제로 사이드포드(Zero side pod)

F1 차량에서 운전석 옆의 전통적인 사이드포드 형태를 거의 없애거나 매우 좁게 만든 공기역학 디자인 개념을 부르는 말. 메르세데스 팀에서 2022년 시즌에 처음 선보였으며, 이론적으로는 공기 저항을 줄여 차량 속도를 높일 것으로 예상했지만, 실제로는 별 효과를 보지 못했다.

② 피트 레인(Pit lane)

모터스포츠에서 타이어 교체, 급유, 수리 등 차량 정비 및 보충이 이루어지는 트랙과 분리된 공간에 접근하기 위한 통로. 이 레인을 따라 차량이 진입하고, 정해진 구역인 피트(Pit)에서 잠시 멈춰 급유, 타이어 교체, 드라이버 교대 등의 피트스톱(Pit Stop) 작업을 수행한 후, 다시 트랙으로 복귀한다.

15 통제형 리더십에서 섬김의 리더십으로

① 온리원(ONLYONE) 문화

특정 기업이나 분야에서 '단 하나뿐인' '유일무이한' 존재가 되기 위한 창의적이고 차별화된 정신이자 경영 철학을 부르는 말. 단순히 최고의 위치를 넘어, 세상에 없던 독창적인 제품이나 서비스를 통해 경쟁우위를 확보하고, 개인의 가치를 존중하며 자율적인 업무 환경을 조성하는 등 다양한 맥락에서 적용된다. '최초·최고·차별화'를 지향하는 CJ 경영 철학의 핵심이기도 하다.

① 포용적 리더십(Inclusive leadership)

리더가 다양한 배경을 가진 팀원들의 고유한 관점과 경험을 존중하고 적극적으로 활용하여, 모든 팀원이 가치 있고 소속감을 느끼도록 하는 리더십 접근 방식. 개방적인 의사소통과 의사결정 참여를 통해 팀원의 역량을 최대한 발휘하도록 유도하며, 혁신과 조직 성과 향상에 기여하는 것을 목표로 한다.

② 언더독(Underdog)

스포츠나 사회 등 여러 분야에서 승리할 확률이 낮은 약자를 가리키는 말. 투견에서 싸움 도중 아래에 깔린 개를 지칭하는 것에서 유래했으며, 약한 상대를 응원하는 심리를 언더독 효과라고 한다. F1에서 언더독은 우승할 가능성이 낮다고 여겨지는 팀이나 선수를 뜻한다.

③ ESG

환경(Environment), 사회(Social), 지배구조(Governance)의 영문 앞 글자를 딴 용어로, 기업이 장기적인 관점에서 이러한 비재무적 요소를 고려하여 지속가능한 성장을 추구하는 경영 활동을 의미한다. 과거에는 기업을 평가할 때 재무적 가치만 중요하게 여겼지만, 최근에는 기업의 사회적 영향력이 커지면서 투자자와 소비자가 ESG 요소를 중요한 평가 기준으로 삼는 추세다.

17 킹핀을 공략하는 한 방의 핵심전술

① 클린랩(Clean lap)

다른 차량의 방해나 영향을 받지 않고 온전히 서킷 한 바퀴를 최적의 상태에서 주행하여 기록한 랩을 의미한다. 특히, '클린 에어(clean air)'를 확보한 상태에서의 주행을 뜻하며, 이는 공기역학적 성능을 최대로 발휘할 수 있어 가장 빠른 랩타임을 기록할 가능성이 높다.

② 원천 IP

소설, 웹툰, 웹소설 등 그 자체로 완성된 이야기나 콘텐츠를 기반으로, 영화, 드라마, 게임, 상품 등 다양한 2차 저작물이나 부가 사업으로 확장할 수 있는 지식재산권(Intellectual Property)의 근원을 부르는 말. 하나의 원천 IP를 활용하여 여러 사업으로 확장함으로써 더 큰 가치를 창출하는 것을 목표로 한다.

18 포스버리 선수는 왜 등을 뒤집었을까

① 룰북(Rulebook)

F1 월드 챔피언십의 운영 및 경주 진행에 관한 모든 규정을 담은 공식 문서. 여기에는 차량의 제원(기술 규정)과 경주 절차 및 기타 규칙(스포츠 규정) 등이 포함되며, 국제자동차연맹(FIA)에서 제정하고 시행한다.

② CMS(Centers for Medicare & Medicaid Services)

미국의 65세 이상 노령층과 저소득층을 위한 메디케어(Medicare) 및 메디케이드(Medicaid) 프로그램을 운영하고 관리하는 미국 연방정부 산하의 기관. 미국 보건복지부(HHS) 산하에 있으며, 의료 서비스와 기술의 접근성, 건강 결과 개선 등 국가 보건의료 체계에서 중요한 역할을 담당한다.

③ HIPAA(Health Insurance Portability and Accountability Act)

건강보험 양도성 및 책임에 관한 법. 1996년에 제정된 미국 연방법으로 환자의 민감한 건강 정보(PHI)를 보호하기 위한 개인정보보호 및 보안 기준을 설정한다. 의료 정보의 보호 및 전송을 규정하고, 전자 의료 정보(ePHI)에 대한 적절한 기술적·물리적·행정적 보호 조치를 의무화하며, 데이터 유출 시 통지 의무를 부과한다.

19 경주마의 질주보다 야생마의 멈춤이 필요할 때

① 스티어링 휠(Steering wheel)

자동차의 방향을 바꾸는 원형의 조향 장치. 한국어로 흔히 '운전대'나 '핸들'이라고 불린다. F1 머신의 스티어링 휠은 각 팀마다 디자인과 기능이 다르며, 개별 선수에 맞게 맞춤 제작된다.

② 공유자본(Steward-Ownership)

기업의 장기적인 목적을 단기 이익보다 우선하며, 수익이 목적을 위해 사용되고, 소유권이 분리되는 기업 소유 구조를 의미한다. 이 모델은 기업의 이익이 주주들에게 사유화되지 않고 기업의 미션 달성, 이해관계자, 또는 사회적 목적을 위해 재투자되도록 설계되어, 장기적 지속가능성과 자율적 의사결정을 강조한다.

③ 잉여현금흐름(Free Cash Flow, FCF)

기업의 영업 활동과 자산 유지 및 확장(자본적 지출)에 필요한 비용을 모두 제외하고 실제로 남는 현금을 부르는 말. 기업의 재무 건전성을 나타내는 지표로, 잉여현금흐름이 많다는 것은 기업이 빚을 갚거나 주주에게 배당하고 다시 투자하는 등 자유롭게 사용할 수 있는 여유 자금이 많다는 것을 의미한다.

④ FPSO(Floating Production, Storage and Offloading)

부유식 생산, 저장 및 하역 선박을 부루는 말. 해상 유전에서 채굴한 원유를 생산, 정제하고, 자체 탱크에 저장한 후 셔틀탱커와 같은 운반선에 하역하는 선박 형태의 해양설비다. 해저 유전개발에서 고정식 설비가 어려운 지역이나 심해 개발에 유용하며, 바다 위에 떠서 원유 생산부터 저장, 운반까지 전 과정을 수행하는 이동식 생산기지 역할을 한다.

⑤ 드릴십(Drillship)

깊은 바다에서 원유나 가스를 시추하기 위해 설계된 선박 형태의 시추선. 심해나 초심해에서 작업을 수행할 수 있으며, 파도와 바람에도 자체적으로 위치를 제어할 수 있는 동적 위치 제어 시스템을 갖추고 있다

⑥ 존스액트법(Jones Act)

1920년 제정된 미국의 연안무역법으로, 미국 항구 간의 화물·승객 운송에는 미국에서 건조되고 미국 국적이며 미국인이 소유·운항하는 선박만 사용하도록 규정하고 있다. 미국 해양 산업의 보호를 목적으로 하지만, 고가의 미국산 선박 의존으로 물류비용 상승, 조선업 경쟁력 약화, 타국과의 조선업 협력 저해 등 여러 문제점을 낳아 최근 폐지 또는 완화 논의가 활발히 진행 중이다.

20 F1에서 배우는 지속가능한 질주

① CSRD(Corporate Sustainability Reporting Directive)

기업지속가능성보고지침. 기업의 ESG(환경, 사회, 지배구조) 관련 정보 공개를 의무화하는 유럽연합(EU)의 규정으로, 기존 '비 재무보고 지침(NFRD)'보다 보고 대상을 대폭 확대하고 보고 내용의 상세함과 투명성을 강화했다. 기업의 사회적, 환경적 영향에 대한 더 구체적인 정보를 이해관계자에게 제공하도록 하여, ESG 공시의 신뢰성을 높이고 기업의 지속가능한 경영을 유도하는 것을 목표로 한다.

21 속도의 신화를 대신한 자리, 에코랠리

① 탄소 배출량

인간 활동 가운데 주로 화석 연료(석탄, 석유, 천연가스 등)의 연소를 통해 대기 중으로 배출되는 이산화탄소(CO_2) 및 기타 온실가스의 총량을 부르는 말. 다른 온실가스의 영향력을 이산화탄소의 영향력으로 환산한 '이산화탄소 상당량(CO_2eq.)'으로 측정한다. 배출량은 주로 에너지, 산업 공정, 폐기물, 농업 등 다양한 부문에서 발생하며, 전 세계적으로 에너지 생산 및 운송 부문이 가장 큰 비중을 차지한다.

② KPI(Key Performance Indicator)

'핵심성과지표' 또는 '주요성과지표'라고 한다. 개인, 팀, 또는 조직이 중요한 비즈니스 목표를 얼마나 효과적으로 달성하고 있는지를 측정하기 위해 객관적으로 수치화한 기준 척도다. KPI는 전략 달성의 나침반 역할을 하며, 목표 달성을 위해 중요하게 관리해야 할 핵심 요소를 나타낸다.

① ROI(Return on Investment)

투자한 금액 대비 얻은 이익의 비율. 투자 성과를 평가하고 여러 투자 옵션의 수익성을 비교하는 데 사용되는 재무 지표이며, 일반적으로 백분율(%)로 표시된다. 높은 ROI는 투자 대비 이익이 크다는 것을 나타내고, 낮은 ROI는 이익이 적거나 손실이 발생했음을 의미한다.

② 라이프스타일 플랫폼(Lifestyle platform)

소비자의 삶 전반에 걸친 취향과 경험에 맞춰 다양한 상품, 서비스, 콘텐츠를 제공하고, 개인의 가치와 라이프스타일을 존중하며 편리한 경험을 제공하는 온라인 또는 오프라인 기반의 공간을 부르는 말. 기존의 특정 제품군 판매에서 벗어나, 소비자의 전체적인 삶의 맥락에 따라 개인 맞춤형 서비스를 제공하는 것이 특징이다.

③ 경험 경제(Experience economy)

단순히 상품이나 서비스를 구매하는 것을 넘어 고객에게 기억에 남을 만한 가치 있는 '체험'을 제공하는 것을 핵심으로 하는 새로운 경제 개념. 소비자들이 제품과 서비스의 본질적인 가치보다 차별화된 경험을 통해 정서적 만족과 의미를 추구하는 현상을 설명한다.

23 글로벌 성공은 로컬 존중에서 시작한다

① 글로컬(Glocal) 전략

'글로벌(Global)'과 '로컬(Local)'의 합성어. 세계적인 시장을 대상으로 하되, 각 지역의 문화적 특성과 소비자들의 니즈를 반영하여 현지에 맞는 맞춤형 제품이나 서비스를 제공하는 전략을 의미한다. 세계화의 확장성을 추구하면서도 지역적인 요소를 통해 최적의 효과를 얻으려는 쌍방향적 특성을 가지며, 기업의 마케팅이나 지역 문화 콘텐츠의 세계화 전략 등 다양하게 활용된다.

② 사용자 생성 콘텐츠(UGC: User-Generated Content)

브랜드나 기업이 아닌 일반 사용자들이 자발적으로 제작하여 공유하는 텍스트, 사진, 동영상 등 모든 형태의 콘텐츠를 부르는 말. 고객 후기, 블로그 게시물, 소셜미디어 게시물 등이 대표적인 예시이며, 실제 사용자가 만든 콘텐츠라 더 큰 신뢰를 얻고 브랜드 인지도를 높이는 데 활용된다.

24 당신의 경험을 디자인해드립니다

① 고객 경험(CX, Customer Experience)

고객이 특정 브랜드나 기업과의 모든 상호작용 과정에서 느끼는 총체적인 인상과 경험을 부르는 말. 단순히 제품이나 서비스를 이용하는 것뿐만 아니라, 마케팅, 영업, 고객 서비스 등 고객 여정의 각 단계에서 발생하는 모든 접점에서의 경험을 포괄하며, 고객이 브랜드에 대해 형성하는 감정, 인식, 태도 등 전반적인 것을 포함한다.

② 버티컬 기업(Vertical company)

특정 산업, 상품 카테고리, 또는 틈새시장처럼 '수직적으로 깊은 한 분야'에 집중하여 전문화된 상품이나 서비스를 제공하는 기업. 다양한 분야를 포괄하는 '수평적 플랫폼'과 달리, 버티컬 기업은 한 가지 영역에 전문성을 가지고 고객의 특화된 수요를 충족시키는 것이 특징이다.

① 옴니채널 커뮤니케이션(Omnichannel communication)

온라인, 오프라인, 모바일 등 모든 고객 접점을 통합하여 고객에게 끊김 없고 일관된 브랜드 경험과 메시지를 제공하는 고객 중심의 채널 전략. 고객이 어떤 채널을 이용하든 동일한 브랜드 경험을 제공하여 고객 만족도와 충성도를 높이고, 비즈니스 운영의 효율성을 증대시키는 것을 목표로 한다.

② BWT(Best Water Technology)

오스트리아에 본사를 둔 물(정수) 처리·수처리 솔루션 기업. BWT Alpine F1 Team처럼 팀 이름에 BWT가 포함되어 있으며, 이 팀의 차량에 사용되는 물을 BWT가 공급하기도 하는 등 활발한 후원을 하고 있다.

③ VIP 호스피탈리티(VIP hospitality)

후원사의 VIP 고객을 대상으로 특별하고 차별화된 맞춤형 환대와 접대 서비스를 제공하는 프로그램. VIP 호스피탈리티는 특히 모터스포츠 등 후원사 고객에게 제공되는 특별한 경험 행사에서 많이 볼 수 있는 형태의 서비스를 지칭한다.

F1 리더십

속도를 사유하라, 가속과 멈춤의 비즈니스 전략

초판 1쇄 발행 2025년 10월 31일

지은이 변동식
펴낸이 김현종
기획총괄 배소라 **출판본부장** 안형태
책임편집 진용주 **편집** 최세정 황정원 김수진 장진경
디자인 조주희 김연주 **마케팅** 김예리 신잉걸
미디어·경영지원본부 신혜선 이주리 문상철 백범선 박윤수 남궁주철 함동원

펴낸곳 (주)메디치미디어
출판등록 2008년 8월 20일 제300-2008-76호
주소 서울특별시 중구 중림로7길 4
전화 02-735-3308 **팩스** 02-735-3309
이메일 medici@medicimedia.co.kr **홈페이지** medicimedia.co.kr
페이스북 medicimedia **인스타그램** medicimedia
유튜브 medici_media

ISBN 979-11-5706-481-6 (03320)

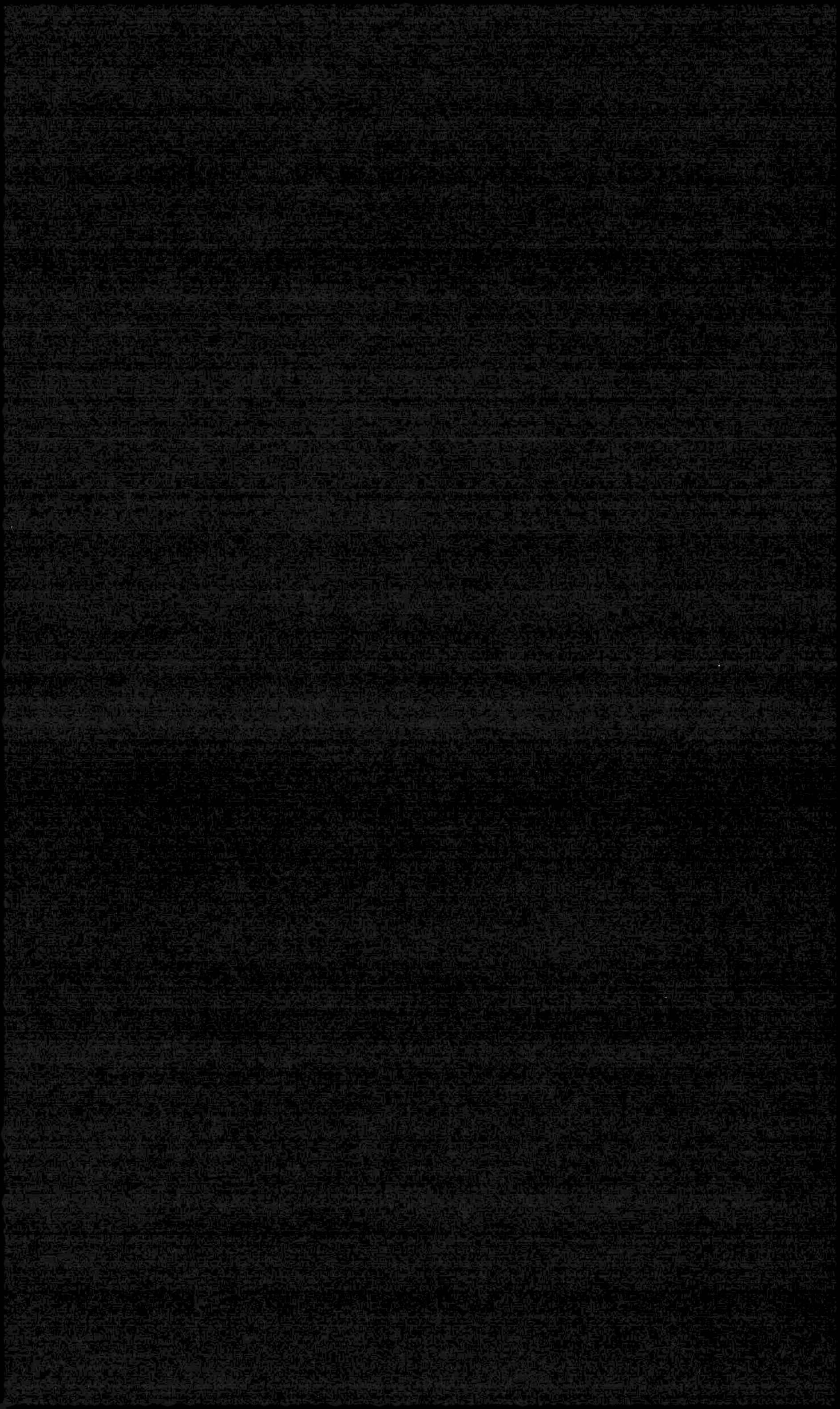